I0243530

«Ich schätze deine Klarheit. Deine Hinweise sind sehr praxisnah und hilfreich. Sie begleiten mich in meinem Alltag.»

«Mit deiner Arbeit schaffst du eine klare Struktur. Endlich kann ich Dinge, die ich bisher erfahren, gelernt oder gelesen habe, einordnen. Das macht es einfach, die Übersicht zu bewahren.»

«Ich habe mich immer davor gefürchtet als wertend zu gelten. Dabei wollte ich doch nur unterscheiden. Die Dinge sind, wie sie sind. Aber ich weiss jetzt, wo sie hingehören.»

«Geistheiler, Channel-Medien, Schamanen etc. waren mir nie ganz geheuer. Ich wusste nie warum. Aber können sich diese vielen Leute täuschen?
Ich zweifelte an mir. Jetzt weiss ich, wo die Unterschiede liegen zwischen Astralem und Spirituellem. Mit dieser Klarheit kann ich mich wieder besser auf mein tägliches Leben konzentrieren.»

«Ich war immer auf der Suche, hatte aber Angst, in eine Falle zu geraten, abhängig zu werden. Erst bei dir fand ich Wissen, das den Weg in die Freiheit und Autonomie zeigt.»

«Durch deine Arbeit kann ich meine Balance besser halten, meine Ausrichtung ist klarer geworden und ich bin motiviert den geistigen Raum zu erforschen.»

1. Auflage 2013
Copyright © 2013 Ruth Huber
www.ruth-huber.ch
Alle Rechte vorbehalten.
Feedback / Anregungen: Šárka Černochová
Umschlagbild: Jean-Louis van Durme
Lektorat: Tina Ackermann

ISBN 978-3-9522513-2-4

Ruth Huber

Erleuchtung ist erreichbar

Praktische Schritte

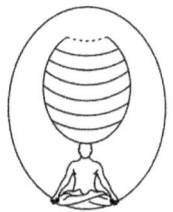

Wir alle tragen das spirituelle Potenzial in uns.
Es hat kaum Einfluss auf unser Leben oder unsere Wahrnehmungen.
Bis wir uns entscheiden, es zu verwirklichen ...

INHALT

Aufwachen als erster Schritt 13
   Beispiele für esoterische Lügen *15*
   Frei nach 2012 .... *18*

Liebe Freundin, lieber Freund 21
   Gut zu wissen *22*

Wir starten mit Konzentration im Dritten Auge 23

Überblick und Repetition 27
   Chakras sind Brücken zwischen Geist und Körper *29*
   Karma-Yoga, Bhakti-Yoga, Jnana-Yoga *31*
   Karma-Yoga *31*
   Karma-Yoga und Zen-Meditation *33*
   Bhakti-Yoga *34*
   Jnana-Yoga *35*

Basiswissen zu Chakras und Bewusstseinsebenen 37
   Die Zuordnung der Drüsen *38*
   Grafik- *39*
   Zusammenhänge zw. Chakras und geistigen Ebenen *40*

Meine Erfahrung 42

Schlafen und Träumen 43
   Bei geschlossenem Dritten Auge *43*
   Wenn das Dritte Auge offen ist *44*
   Das Traum-Theater folgt einem bestimmten Programm *45*
   Meine Lösung für den Moment *47*

Chakras: von unbewohnt bis erleuchtet 49

Erstes Chakra – Wurzel 53

    Das erste Chakra und seine verschiedenen Zustände *53*

    Angst ist die Emotion des ersten Chakras *54*

    Übung für das erste Chakra *55*

Zweites Chakra – Hara **57**

    Das zweite Chakra und seine verschiedenen Zustände *58*

    Bedürftigkeit und Sehnsucht nach Symbiose *59*

    Übung für das zweite Chakra *62*

Drittes Chakra – Solar Plexus **64**

    Das dritte Chakra und seine verschiedenen Zustände *65*

    Umgang mit dem Feuerelement *67*

    Wut – ein kostbares Gut *67*

    Übungen für das dritte Chakra *69*

Eine praktische Metapher **72**

Viertes Chakra – Herz **73**

    Das Herz und seine verschiedenen Zustände *74*

    Emotionen des Herzens: oft eine Achterbahn *78*

Fünftes Chakra – Hals **80**

    Das Hals-Chakra und seine verschiedenen Zustände *81*

    Fragen an das fünfte Chakra *83*

    Herz- und Hals-Chakra als Team *83*

    Solar Plexus und Hals-Chakra im Vergleich *84*

    Die männlichen Zentren sind sich ähnlich *84*

    Die weiblichen Chakras sind sich ähnlich *85*

Das sechste Chakra – unser Drittes Auge **87**

    Das Dritte Auge und seine verschiedenen Zustände *89*

Folgerichtigkeit und Logik **93**

Entwicklung in 3 Schritten: These – Antithese – Synthese 94
Opfer – Täter – souverän-erwachsene Person 95
Jedes neue Thema bedeutet Neustart beim 1. Chakra 97
Chakras sind miteinander verbunden – oder nicht 100
Es gibt eine Schwerkraft des Bewusstseins 101
Eine logische Leiter von einer Stufe zur nächsten 102
Was ist der jeweils nächste Schritt? 104

Energetische Kommunikation **107**
Wahrnehmung für die Energie entwickeln 108
Die Reise geht weiter 110

Erste astrale Ebene: Ebene 7 .... **111**
Materielle Verhaftungen 113
Aus meiner Praxis 114
Techniken der 7. Ebene 115
Die Frequenzen von Ebene 7 wirken auf die Materie 116

Halt! Was ist mit dem Kronen-Chakra? **121**

Zweite astrale Ebene: Ebene 8 .... **124**
Auf Ebene 8 bieten sich folgende Möglichkeiten 124
Emotionale Sehnsüchte 127
Astrale Sexualität 129
Hilfreiche Informationen zu astraler Sexualität 130

Wie erkennt man eine wahrhaftige Lehrperson? **133**
Abhängigkeit durch Bewunderung 135
Empfehlungen und Regeln 137

Dritte astrale Ebene: Ebene 9 .... **138**
Wenn dich ein 9er-Wesen erschreckt 139

Wie «Götter» ihr Spiel definieren 140

Wie spirituelle Wesen ihr Spiel definieren 140

Was wir über Ebene 9 unbedingt wissen müssen 141

Gefühlskalte Psychopathen regieren die Welt 142

Die entscheidende Schnittstelle zwischen den Welten 146

Und so wirken die 9er-Wesen 146

Hier nochmals, damit es keine Missverständnisse gibt 150

Kosten wir die Süsse einer kurzen Meditation 151

Mehr zu Ebene 9: «Der Pakt mit dem Teufel» 154

Wie kommt nun der Pakt mit dem Teufel zustande? 156

Abhängigkeit oder Freiheit bei Heilertätigkeiten 159

Geistige Kommunikation ist das A und O 160

Befreien von Wesen 164

Telepathische Befreiungsarbeit Schritt für Schritt 166

Betrachten wir zuerst die Hilfsbedürftigen 170

Was wir tun können, um die Hilfsbedürftigen zu befreien 170

Was wir wissen müssen, um mit «Bösen» umzugehen 171

Karma 172

Die spirituellen Ebenen 174

Die Funktion des Höheren Selbst 176

Die Qualitäten der 3 spirituellen Ebenen 177

Die Grenze ist gut gesichert 178

Mitgefühl und umfassende Liebe auf Ebene 10 181

Vergleich zwischen 4 und 10 182

Zum Mitgefühl lässt sich einiges sagen 184

Und was ist jetzt spirituelles Heilen? Spirituelle Heilung? 185

    Beeinflussung nimmt den Menschen die Kraft 186
    So helfen «Helfer» 187
    So verhalten sich «Opfer» 188

Freude und spielerische Kreativität auf Ebene 11 190
    Warum auf der Ebene 11 nichts schmerzt 191
    Kreativer Ausdruck auf Ebene 11 193
    Die Natur ist Abbild der Schönheit von Ebene 11 194

Umfassende Wahrnehmung auf Ebene 12 196
    Auf Ebene 12 sind wir ganz und autonom 198

Fassen wir zusammen 201
    Die bisher beschriebenen Schritte 201
    Das Entscheidende: Es geht um einen klaren Entscheid 202

Glückseligkeit der Ebene 13 205

Heimkehren 206

Das Numinose 208

Es wird Zeit für den ultimativen Schritt 210

Als ich zum ersten Mal bewusst eintauchte 211

Was nun? Was ist anders? 212

Ich habe es schon erwähnt 213

Gott 214
    Als sich mein personifizierter Gott auflöste 216
    Selbst ausgedachte Götter 218
    Höchste spirituelle Wesen, mit göttlichen Qualitäten 219

Dies sind meine spirituellen Freunde 221
    Spirituelle Helfer 222
    Astrale Helfer 223

Liebe Lesende, Suchende 225
Nachwort von Šárka Černochová 227
Ruth Huber 231

Aufwachen als erster Schritt

«Esoterik» war ursprünglich die Bezeichnung für jenes innere, nicht allen zugängliche Wissen, welches zu wahrer Spiritualität führt. Die Suche nach dieser wahren Spiritualität gleicht einem Aufwachen, ist jahrhundertealt und in vielen geistigen und philosophischen Traditionen präsent.

In den 1960er-Jahren wachte in den USA Bewusstsein auf, das sich durch die Hippie-Bewegung manifestierte. Damals wurden dogmatische Verhaltensregeln hinterfragt und über Bord geworfen. Mit dem Begriff «Esoterik» verband sich das Versprechen oder zumindest die Hoffnung auf Wissen, auf geistiges Bewusstsein. Ein wunderbarer Prozess, der allerdings nur kurz andauerte. Denn «New Age» wurde als Ersatzreligion eingesetzt, um das aufkeimende Bewusstsein wieder in kontrollierbare Bahnen zu lenken. Henry Kissinger soll einer der Erfinder dieser «Waffe» gewesen sein.

Heute wird «Esoterik» häufig gleichgesetzt mit «illusionärer Weltschau» und «naiver Schöngeistigkeit».

Im Vorfeld des magischen Datums 21.12.2012 lag einmal mehr Hoffnung in der Luft. Grossartiges wurde erwartet. Das Ende des Maya-Kalenders liess viele Interpretationen zu. Schamanen, Astronomen, Astrologen, Archäologen, Remote-Viewer, Zeitreisende, Hellsichtige und alle möglichen Channel-Medien meldeten sich zu Wort. Und was ist aus dem erwarteten Quantensprung der Erhöhung des geistigen Bewusstseins auf der gesamten Erde geworden?

Es gibt durchaus Veränderungen. Allerdings sind sie so subtil, dass sie für die meisten Menschen unbemerkt bleiben und lediglich von jenen wahrgenommen werden, die sich schon länger um offenes Bewusstsein bemüht haben oder mit einem solchen geboren wurden.

Wissensgebiete, die bisher getrennt voneinander erforscht wurden, werden vermehrt vernetzt. Dadurch erscheinen die Entwicklung des Planeten und die Geschichte der Menschheit immer klarer. Neue Erkenntnisse über die Beschaffenheit des Universums stehen neuen Definitionen über die Natur des Bewusstseins gegenüber. Wie innen, so aussen! Zudem wird vielerorts festgestellt, dass telepathischer

Kontakt immer leichter fällt. Und wer sich auf diese Weise ins geistige Feld des Wissens einklinken kann, wird sich schnell entwickeln.

Von diesem Wandel profitiert allerdings nur ein kleiner Teil der Menschen.

Kurz nach dem Jahreswechsel 2012/2013 machte sich Ernüchterung breit. Viele fühlten sich desillusioniert, weil der grosse, alles erfassende Wandel ausblieb.

Diese Ernüchterung ist eine Chance. Eine Chance, sich frei zu machen. Frei von Fixierungen auf ein Datum, eine Religion, eine Ersatzreligion, ein Dogma. Frei für den Weg zu wahrer Spiritualität.

Wer den Absprung in Höheres Bewusstsein noch schaffen will, müsste ihn jetzt wagen! Denn Freiheit wird einem nicht geschenkt. Es braucht Entschiedenheit, Einsatz und Umsicht.

Die umfassende Beeinflussung, Konditionierung und Programmierung, der wir heute ausgesetzt sind, macht es schwierig wach und klar zu bleiben.

Wir sollten uns bewusst sein, dass es heute Programme gibt, welche Stimmen direkt im Kopf von Menschen ertönen lassen können. Diese «synthetische Telepathie» wird beispielsweise in Einkaufszentren angewendet, angeblich um Kunden vom Stehlen abzuhalten ...

Die gleiche Technologie brachte im März 2003 ein Heer von 8000 irakischen Soldaten dazu, sich den Amerikanern spontan zu unterwerfen. Anfänglich konnte sich das Phänomen niemand erklären, dann sickerten die Informationen durch.

Solche Beispiele lassen aufhorchen; ebenso die Stories von so genannten «Medien», welche Belehrungen und Prophezeiungen von «himmlischen Wesen» «channeln». Sind die Quellen wirklich so himmlisch? Steckt nicht vielleicht eine geheime Macht dahinter, welche ihre Schäfchen in der Herde halten will?

Wir Menschen werden zunehmend manipuliert und erkennen es nicht. Die Fremdbestimmung hat heute Dimensionen erreicht, die Schlimmstes befürchten lassen. «Transhumanismus», ein weiteres Beispiel, ist eine Methode, bei der Körper und Hirn durch technische Teile «optimiert» werden ...

Ein solcher Maschine-Mensch kommt «dem System» absolut entgegen. Er wird unermüdlich arbeiten, ohne je unpässlich oder krank zu sein. Wenn er gut programmiert ist, leistet er vom ersten Tag an zuverlässig und fehlerfrei, integriert mühelos jeden Upgrade bis er schliesslich entsorgt wird, ohne Altersgeld beansprucht zu haben. Erinnert das nicht an die Kolleginnen von Sonmi 451 aus dem Roman «Cloud Atlas» von David Mitchell?

Aus geistiger Sicht ist zu befürchten, dass geistige Wesen in solch roboterisierten Körpern gefangen bleiben, ohne die Möglichkeit zu haben, sich zu entwickeln oder gar spirituell frei zu werden.

Möglicherweise bist du irritiert, wenn ich solche Beispiele anführe, die nach «amerikanischen Verschwörungstheorien» klingen. Ich bin keine Fanatikerin, auch keine Schwarzmalerin. Durch die intensive Auseinandersetzung mit diesen Phänomenen, habe ich gelernt aus der Warte des Höheren Bewusstseins zu blicken und die Absicht hinter diesen Dingen zu erkennen.

Weiter schwirren noch viele so genannt «esoterische» Glaubenssätze herum. Ich bezeichne sie als esoterische Lügen, könnte sie aber auch mit Unsinn oder Anästhetikum betiteln.

Beispiele für esoterische Lügen

- *Alle Wege führen letztlich zum Ziel.*
  Wie denn, wenn nicht alle das gleiche Ziel definieren?

- *Alle Wesen werden irgendwann ankommen,*
  bei manchen dauert es einfach etwas länger.
  Wo ankommen? – Eine solche Aussage dient ausschliesslich als Schlafmittel ... wie so manche andere esoterische Aussage. Sie verhindert den Aufbruch, den Absprung.

- *Alle Wesen werden irgendwann erleuchtet.*
  Warum denn, wenn sie es noch nicht einmal selbst wollen?
  Es ist eine Illusion! Wer nicht während des Lebens erwacht und sich als Wesen erkennt, anstatt sich ausschliesslich mit dem Körper oder mit den Emotionen zu identifizieren, hat im geistigen Sinn keine Identität. Ohne Beistand von einem Wesen mit befrei-

tem Bewusstsein werden sich diese Wesen, wenn sie irgendwann zu schwach geworden sind, um wieder zu inkarnieren, sogar auflösen: Ein Häufchen Trauer geht hierhin, ein Quantum Begierde geht dahin, die Wut klebt sich an das, was wütend macht. Um ein solches Wesen zu befreien, gilt es mit ihm zum Moment des Todes zurückkehren. Nur da kann es sich wieder orientieren. Und erst danach kann die Befreiungsarbeit beginnen.

- *Jedem wird nur aufgebürdet, was er tragen kann.*

   Was ist mit denen, die zerbrechen, krank werden, im Alkohol Vergessen suchen, sich umbringen?

- *Wir sind da, weil wir es so gewählt haben.*
   Oder: *Jeder wählt seine Eltern selber.*

   Eine solche Wahl würde Bewusstsein und Erkenntnisfähigkeit voraussetzen. Diese haben nur wenige. Diejenigen, die zum ersten Mal inkarnieren, sind meist noch zu unbedarft. Diejenigen, die schon oft hier waren, sind in der Regel karmisch gebunden, so dass sie nicht mehr wählen können. Wer sich von geistiger Wachheit entfernt hat und in egoistischen Wünschen verstrickt ist, hat kaum freie Wahl.

- *Wir haben alle irgendwann einmal Ja gesagt zu dem, was da passiert.*

   Kaum! Und welch unglaubliche Anmassung, wenn wir das Leid und die Ungerechtigkeit in der Welt betrachten. – Als spirituelle Wesen ohne Körper waren wir einst zwar in einem Zustand des Erlaubens: Alles was geschieht, darf sein. Das heisst aber nicht, dass die Wesen, die in einem Körper insElend hineingeboren werden, diesem Leid zugestimmt oder es gar zwingend selbst verursacht hätten, wie viele Esoteriker glauben.

   Ungerechtigkeit und Leid dürfen nicht beschönigt werden. Kriege, Ausbeutung, Hungersnöte und manche Naturkatastrophen werden von skrupellosen Menschen/Wesen initiiert, die ihre eigenen Absichten verfolgen.

- *Es ist alles vorbestimmt.*

  Und welchen Sinn soll es haben, ein vorbestimmtes Drehbuch zu durchlaufen? – Es geht doch darum, dass wir lernen selbständig zu denken, zu unterscheiden und für unsere Entscheidungen Verantwortung zu übernehmen.

- *Wir tragen ja alles in uns und müssen unsere eigenen Antworten finden.*

  Es ist richtig, dass wir das gesamte spirituelle Potenzial in uns tragen. Aber solange es nicht erweckt ist, besteht es lediglich aus einem Wort mit neun Buchstaben und hat absolut keine Relevanz. Wir sind darauf angewiesen, dass uns jemand an unser Potenzial erinnert, sonst werden wir ewig im Kreis treten.

- *Es gibt keine Zufälle.*

  Das ist eine Frage der Definition. Vieles entsteht und vergeht in der Logik und Folgerichtigkeit eines energetischen Spiels. Aber es «fallen auch Dinge zusammen». Manchmal passen sie, manchmal passen sie nicht.

  Die Dinge sind jedoch nicht fest gefügt oder vorbestimmt. Es gibt keine Gesamtregie wie im Film «Truman-Show». Und denjenigen, die versuchen uns nach ihrer Regie auftreten zu lassen, steht diese Rolle nicht zu.

- *Alles ist gut, so wie es ist.*

  Aus spiritueller Sicht ist diese Aussage richtig.

  Aber als Mensch sollten wir fähig sein, sowohl entschieden und kraftvoll Ja als auch Nein zu sagen.

  Und dazu brauchen wir klare Unterscheidungskriterien zwischen bekömmlich und unbekömmlich, zwischen ethisch und unethisch, bedeutend und unbedeutend.

Frei nach 2012

Wir haben also das Jahr 2012, das Ende des Maya-Kalenders, ohne dramatische Veränderungen hinter uns gebracht. Der herbeigeredete Aufstieg des gesamten Planeten und seiner ganzen riesigen Bevölkerung – schwupps – in eine höhere Dimension ist bisher ausgeblieben. Dabei wurde auch gleich so manch andere illusionäre Erwartung entzaubert.

Die Bedrohung für unseren Planeten und damit für uns als Menschen und geistige Wesen besteht aber weiterhin. Skrupellose Gier, Egoismus und Rücksichtslosigkeit haben zu Ausbeutung, Sklaverei, Unterdrückung, Verschmutzung unseres Planeten geführt – zu Ungerechtigkeiten, die zum Himmel schreien. Sie haben unser spirituelles Bewusstsein zunehmend getrübt, vernebelt, reduziert – uns unfrei, klein werden und bleiben lassen.

Es ist Zeit für Klarheit und Sachlichkeit.

Zeit für wirkliche Spiritualität. Wirkliche Spiritualität ist kühl, wenig verführerisch, reichlich undramatisch.

Wirkliche Spiritualität befriedigt die Bedürfnisse des Egos nicht. Das wird weder erwartet oder gewünscht.

Wirkliche Spiritualität erhebt uns zu grösserem Überblick, grösserer Wahrhaftigkeit und einer übergeordneten Verantwortung.

Überblick und Verantwortung führen dazu, den zerstörerischen Kräften entgegenzuhalten: sich nicht von Gier verzehren zu lassen, seine Bedürfnisse nicht auf Konsum und Haben auszurichten, sondern Gelassenheit und Sein zu erfahren.

Überblick und Verantwortung führen dazu, einen Weg zu finden, in dieser Welt zu leben, das zerstörerische Spiel jedoch zu durchschauen und es in bewusstem, stillem Widerstand zu entschärfen.

Tag für Tag. Für sich. Wenn möglich für andere.

Dieser Entwicklungsschritt, das Aufwachen zu wirklicher Spiritualität, ist meiner Meinung nach dringender denn je. Wir können uns dafür entscheiden – oder auch nicht. Aber nur wer sich ganz für einen geistigen Weg entscheidet, wird auch den nötigen spirituellen Beistand erhalten. Bei einem lauwarmen Entscheid wird sich hingegen sofort die «Gegenseite» einschalten und Unentschiedene mit allen Mitteln der Kunst vom Befreiungsweg abhalten.

Und Vorsicht – Astrales und Spirituelles werden oft durcheinander gebracht. Hier die Definition zur klaren Unterscheidung:

Alles, was geeignet ist, uns als Wesen über die irdischen und astralen Limitierungen emporzuheben, und alles, was uns als Wesen befreit vom Rad von Wiedergeburt und Tod, kann als spirituell bezeichnet werden.

Durch geeignete spirituelle Praxis erwachen wir als das, was wir wirklich sind: **Unsterbliche, unverletzbare geistige Wesen mit umfassendem Bewusstsein.**

Unser wichtigstes Gut ist unser Bewusstsein.

Vermutlich sind nicht alle in diesem Buch beschriebenen Schritte für dich von Bedeutung. Trotzdem werden dir die Beschreibungen bei einer Standortbestimmung helfen. Und sie geben dir Ideen für deine innere Arbeit.

Finde heraus, wo du Schwachstellen hast, und knüpf' sie dir vor. Denn nur das, was wir für uns erarbeitet haben, nehmen wir weiter mit auf den Weg, über die Grenze des Todes hinaus. Wo die Angst sitzt, ist die Arbeit am dringendsten!

Manchmal kommt es uns vor, als wären unsere Schritte viel zu klein und zu langsam. Das ist eine Art optischer Täuschung, zu vergleichen mit einem Mikrofilm, der vergrössert auf die Leinwand projiziert wird. Eine winzig klein erscheinende, innere Veränderung kann äusserlich ganz grundlegende Veränderungen nach sich ziehen und uns das Gefühl vermitteln, wir wären in ein anderes Universum eingetaucht.

Falls du stecken bleibst, den Mut verlierst, dich verwirrt fühlst, schreib mir ein Mail. Die Kontakte sind auf meiner Website www.ruth-huber.ch zu finden.

Ich werde mein Bestes tun, dir über Hürden hinweg zu helfen.

Mit besten Wünschen

Ruth Huber

Liebe Freundin, lieber Freund

Darf ich dich unterstützen und begleiten ...?

Folge dem logischen Ablauf der praktischen Schritte in diesem Buch auf deinem spirituellen Weg. Die klare Struktur und Reihenfolge erleichtert das Auffinden der gewünschten Themen und kann dir bis zum Erreichen höchsten Bewusstseins als Inspiration dienen.

Alles, was ich publiziere, basiert auf der persönlichen Erfahrung meines Weges und auf vielen Jahren therapeutischer Arbeit in meiner Praxis, auf dem Austausch mit Frauen und Männern, die mir als Klienten und Schülerinnen, aber auch als Freunde begegnet sind.

Warnung: Dieses Buch ist sehr gehaltvoll. Der gesamte Inhalt könnte für mehr als ein Leben reichen! Übernimm dich also nicht.

Ich empfehle dir, nicht zu viele Themen gleichzeitig anzupacken, um nicht in Gefühlen von Frustration und Überforderung stecken zu bleiben. Verschaffe dir einen Überblick und finde heraus, was *im Moment* für dich aktuell ist. Das Buch kann dir als Nachschlagewerk dienen.

Es ist mir ein grosses Anliegen, Spiritualität und Erleuchtung im weitesten Sinne verständlich und nachvollziehbar zu machen.

> *Jeder gnadenvoll verzückte Moment,*
> *wenn sich alles absolut perfekt anfühlt,*
> *wenn wir voller Liebe und Freude in uns ruhen,*
> *wenn es scheint, dass wir das ganze Universum*
> *friedvoll durchdringen können –*
>   *ist ein Moment der Erleuchtung.*

Momente wie diese entstehen und vergehen. Ich hoffe, dass alle Wesen solche Erfahrungen kennenlernen können.

Diese Momente sind zu vergleichen mit diesen kleinen Häppchen, die uns in Läden angeboten werden, um uns zum Kauf zu verführen – mit Kostproben. Noch kommen wir nicht wirklich in den Genuss, wissen aber schon, wie es sich anfühlen kann.

Also – kommst du mit mir auf diese Reise?

Vieles mag bekannt und vertraut klingen, anderes ist neu.

Dieses Buch soll dir Orientierung liefern auf deinem eigenen Weg.

Der spirituelle Weg war und ist für mich das aufregendste und befriedigendste Projekt meines Lebens und sein wichtigster Inhalt seit mindestens 35 Jahren. Die Schritte sind logisch und machbar. Oft ist es allerdings nicht einfach, die richtigen Worte zu finden, sie angemessen zu beschreiben.

Nach vielen Jahren des Unterrichtens weiss ich, wie verschieden die Menschen sind. Die einen stolpern an Stellen, die anderen ganz einfach erscheinen …

Ich hoffe, mein breites Spektrum an Antworten ist für viele Suchende hilfreich.

Gut zu wissen

Es gibt grössere und kleinere Erleuchtungen.

Jedes Chakra kann erleuchtet sein – oder eben nicht.

Erleuchtung kann erreicht werden und ist keineswegs ein «Akt der Gnade eines unbekannten Gottes».

Erleuchtung ist nicht dauerhaft. Sie kann vergessen gehen. Die Tatsache, dass sich die meisten Menschen in einem verdichteten, relativ unbewussten Zustand befinden, ist der Beweis dafür. Alle waren ursprünglich erleuchtet.

Auf geht's …

Wir starten mit Konzentration im Dritten Auge

Der Konzentration im Dritten Auge kommt in meiner Arbeit grosse Bedeutung zu. Das Dritte Auge ist der Sitz des Bewusstseins. Hier erleben wir ein «Sehen», das nicht von Emotionen überlagert ist und uns sowohl in den Körper hinein, als auch ins tägliche Umfeld oder aber in die geistigen Sphären blicken lässt.

Die Zentrierung im Dritten Auge unangestrengt halten zu können, ist hilfreich für Meditation und geistige Arbeit. Deshalb beginnen wir gleich mit einer Übung.

Das Dritte Auge befindet sich im Innern des Kopfes etwa auf Höhe der Oberkante der Ohren.

Falls dies neu ist für dich, mach' Folgendes:

Stell dir einen Apfel vor. Der Apfel erscheint auf deinem inneren Bildschirm oder irgendwo vor dir. Auf diese Weise siehst du mit deinem inneren Auge. Die Bilder sind meist nicht ganz klar, sondern eher so, als würden wir durch beschlagenes Glas blicken. Du wirst dich bald daran gewöhnen ....

Der Ort, von dem aus das Bild projiziert wird, ist dein Drittes Auge. Seine Position kann sich noch leicht verschieben. Das Dritte Auge gehört zum Energiekörper und ist nicht materiell, auch wenn es mit der Hypophyse (Hirnanhangdrüse) oder/und der Epiphyse (Zirbeldrüse) assoziiert wird, die sich beide in der Mitte des Kopfes befinden.

Zu Beginn kann die Dritt-Aug-Konzentration stark ermüden. Falls dem so ist, übe in ganz kurzen Sequenzen mehrere Male am Tag, beispielsweise, wenn du irgendwo wartest, oder immer, wenn du einen plötzlichen Ton hörst, das Anschlagen eines Gegenstandes. Denk dir etwas aus, das dich immer wieder daran erinnert, zum Dritten Auge zurück zu kehren.

Bleib spielerisch. Viele kurze Erinnerungen mehrmals am Tag bringen mehr, als der angestrengte Versuch, Stille zu schaffen im Kopf.

Stille ist das Resultat von umfassender, geistiger Arbeit. Der Versuch, dies zu Beginn zu erreichen, endet in Frustration.

Sei lieber wie eine Honigbiene, welche kleine Mengen von süssem Nektar hier und dort sammelt. Dein Nektar kann heissen: «*Ich bin ein freies spirituelles Wesen.*»

Geniesse von diesem Nektar wieder und wieder – nur ein Satz – ein kurzes Aufblitzen von Freude – Liebe – Dankbarkeit ...

Diese Gewohnheit wird dir lieb werden und nach einer Weile wird das Dritte Auge dein bevorzugtes Fenster sein, durch das du in die Welt schaust.

Jedes Chakra ist ein solches Fenster. Es bestimmt mit seiner emotionalen Färbung und seinem jeweiligen Thema, wie du die Welt wahrnimmst. Am objektivsten und klarsten wirst du vom Dritten Auge aus wahrnehmen.

Mach dir keine Sorgen, dass wir durch diese Übungen zu sehr im Kopf landen. Wir werden für Balance und Ausgleich sorgen.

Gewöhne dir an, zum Dritten Auge zurück zu kehren, sobald du feststellst, dass du zu tief in weltliche Dinge oder in emotionale Zustände eingetaucht bist, oder wenn du Gefahr läufst, dich in Verhaftungen zu verlieren.

Atme kurz und tief ein – und erschaffe einen kleinen, konzentrierten Fokuspunkt im Inneren deines Kopfes.

Wiederhole dies 1 bis 2 mal oder auch häufiger. Bleib lange genug dabei, bis du merkst, dass die Konzentration sich stabilisiert.

Sobald du Verkrampfung wahrnimmst, entspannst du dich wieder und beobachtest (oder visualisierst) für eine Weile, wie die Energie nach unten durch deinen Körper in den Boden fliesst.

Diese Übung erweckt das Gefühl, als würden wir ruhig an den Ufern des heiligen Flusses Ganges sitzen, das Strömen beobachten – und uns erinnern, dass wir freie spirituelle Wesen sind.

Und gerade bevor wir eins werden mit dem Fliessen (und Zerfliessen) beginnen wir uns wieder zu konzentrieren, in einem kleinen Punkt, nicht grösser als eine Erbse.

Wenn es für dich hilfreich ist, kannst du auch das Bild einer kleinen Flamme im Dritten Auge visualisieren.

Wir stärken mit dieser Übung einen «Muskel», der sehr grosse Bedeutung hat für jede Art von geistiger Arbeit.

Zu Beginn wird es jeweils Konzentration sein, die mit Entspannung abwechselt. Je eine Minute reicht aus, hin und zurück ...

Mit etwas mehr Erfahrung wirst du feststellen, dass Konzentration und Entspannung gleichzeitig möglich sind: Ein entspannter Fokus, ganz natürlich, ohne jegliche Anspannung.

Nach 2 bis 5 Minuten erlaubst du deinem Atem, in seiner eigenen Geschwindigkeit und Grösse zu fliessen.

Das fühlt sich gut an, wie nach Hause kommen, ah, welche Freude ...!

Mach' es dir bequem in diesem inneren Raum.

Manchmal ist er wie eine Höhle – und du sitzt ruhig da wie ein goldener Buddha ...

Manchmal fühlt er sich an wie ein Berggipfel, über dem du den unendlichen Raum erahnst ...

Manchmal fühlst du dich wie im obersten Zimmer des Leuchtturmes ...

Komm immer hierher zurück mit einem Ein-Atem-Zug. Wenn du ausatmest, hältst du die Konzentration und beobachtest gleichzeitig wie reinigende Energie von oben nach unten durch deinen Körper in den Boden fliesst.

Kurze Übungseinheiten sind effizient. Sogar 30 Sekunden reichen.

Am Ende des Tages nimmst du dir mehr Zeit und stellst sicher, dass dich die Energie frei durchfliesst. Das ist sehr heilend für den Körper.

Er reinigt sich dabei von oben nach unten aus. Zudem kühlen sich die Emotionen ab und der Geist kann klarer werden.

Kreiere energetische Öffnungen in Hand- und Fussflächen, indem du dich entscheidest, dass sie da sind.
Keine Sorge – es wird funktionieren! Diese Sekundär-Chakras sind bereits angelegt. Wir verstärken sie jetzt nur.

Ein Mantra zu repetieren, kann eine grosse Hilfe sein. Auf diese Weise fixieren wir das Denken auf ein Thema unserer Wahl.

Das alte indische Mantra «Ich bin» wird dich in subtiles Bewusstsein tragen. Du kannst es sanft repetieren und dann ruhig verweilen, im Gewahrsein, dass du bist.

Rhythmisches Repetieren kann leicht zur Trance führen. Dies ist nicht hilfreich auf einem Weg zu geistigem Erwachen! Deshalb empfehle ich, das Tempo häufig zu wechseln oder einen Begriff oder Satz nur einmal innerlich zu sagen und dann in der stillen Konzentration damit im Kontakt zu bleiben, also zu fühlen, nicht zu «sagen», dass du bist.

Überblick und Repetition

Es besteht kein Zweifel: Wir kommen alle von der göttlichen Quelle. Ich nenne sie das Numinose.

Das Numinose ist Einheit. Kein Beobachter, kein Objekt. Und deshalb gibt es eigentlich nichts über das Numinose zu sagen.

Was immer ich über das Numinose ausdrücke, ist falsch und richtig zugleich.

Das Numinose ist nichts – es ist alles – aber alles im Potenzial.

Das Numinose ist ewig – und doch zeitlos – permanentes Jetzt.

Das Numinose ist überall – es ist nicht lokalisierbar – es ist jenseits von Raum und Zeit.

Warum ist das Numinose überhaupt von Interesse?

Die Frage ist berechtigt.

Wenn du um die vollendete Quelle weisst, dich dort verankerst und dieser Zugehörigkeit erste Priorität gibst, bleibst du verbunden mit dem ewigen Sein. Nachdem du dich auf allen Ebenen geheilt hast, wird die vollkommene Essenz aus dir herausströmen – ohne je zu versiegen.

Ziel spiritueller Arbeit ist nicht, in das Numinose zu verschmelzen und für alle Zeiten zu verschwinden. Wesen mögen für eine Weile abtauchen, um eine Pause zu machen. Ich selbst tauche hinein, während sich mein Körper nachts ausruht. Aber freie Geistwesen ziehen es vor, in der einen oder anderen Weise präsent zu bleiben.

Es gibt keine andere Quelle, nicht einmal für «Teufel», «Dämonen», Reptiloide oder irgendwelche ETs. Wesen sind Wesen. Lebendig oder tot, gut oder schlecht. Alle sind göttlich, ob du diesen Gedanken magst oder nicht.

Da es heute auch Roboter, Androide, Klone und Programme gibt, kann es wichtig sein, in Erfahrung zu bringen: *«Bin ich überhaupt mit einem Wesen in Kontakt oder aber mit einer clever verkleideten Maschine, einem Programm?»*

Noch sind es in der Regel Wesen, mit denen wir in Kontakt kommen. Viele von ihnen haben allerdings in einem Ausmass gelitten, dass ihnen nichts «Menschliches» mehr anzuhaften scheint.

Manche dieser Wesen sind destruktiv geworden, weil sie mit ihren konstruktiven Anstrengungen keinen Erfolg hatten. Andere wurden traumatisiert, programmiert, hypnotisiert, sind gefangen in einem Leben oder im astralen Bereich.

Dazu sollte man wissen, dass Bewusstsein unglaublich verdichtet sein kann, so dass sich die Werte umkehren. Böses gilt dann als gut, nicht gedeihen ist das Ziel, sondern nachhaltig zerstören. Menschen und Tiere werden geschunden, die Natur wird vergiftet, verschmutzt und zerstört.

Wir alle haben Programme abbekommen, kulturelle, religiöse, soziale, geschlechtsspezifische oder auch Konditionierungen, um als Sklave, Arbeiterin oder Soldat klaglos zu funktionieren. Das ist normal auf diesem Planeten. – Die grosse Herausforderung heisst deshalb: *«Wie kann sich ein programmiertes Wesen von seinen Programmen befreien?»* Es sind diese Programme, die uns von unserer Vollendung trennen, die Erleuchtung vergessen lassen, uns gar verrückt machen.

Wer sich dafür entscheidet, hat aber die Möglichkeit zu heilen und die Programme abzuschütteln, weil der göttliche Funke unzerstörbar ist.

Es kann schwierig sein, gar unmöglich innerhalb eines einzelnen Lebens. Aber: Erleuchtung ist erreichbar. Allerdings stellt bewusste geistige Arbeit hohe Anforderungen an Intelligenz, Kraft, Durchhaltevermögen, sowohl an die programmierte wie an die begleitende Person.

Wir beginnen den Weg bei den Chakras und erlangen so eine solide Grundlage, werden mit jedem Schritt sicherer, klarer. Es ist ein weiter Weg – es sind ganze Universen, die wir durchschreiten. Aber es ist kein Hochhaus mit vielen Etagen, die wir jede einzelne auf dem Weg nach oben hinter uns bringen müssten. Die spirituellen Universen können wir erreichen, ohne die «Hölle» der astralen Ebenen durchwandert zu haben. Deine Bewusstseinsqualität definiert die Ebene, ob astral oder spirituell, auf der du dich befindest.

Jenen, die noch nicht zu viel vergessen haben, scheint vieles selbstverständlich und jede neue Erkenntnis weckt weitere Erinnerungen an innewohnendes Wissen. Andere werden nur mit grossem Einsatz dem Ziel näher kommen. Lass dich nicht entmutigen.

Chakras sind Brücken zwischen Geist und Körper

Alle spirituellen Ebenen und alle astralen Sphären werden in den persönlichen Chakras in verdichteter Form gespiegelt. So hat also jedes der persönlichen Chakras ein subtiles Äquivalent im geistigen Raum. Mehr dazu später.

Wenn wir als geistige Wesen eine erste Verbindung mit einem Körper eingehen, tun wir dies im Dritten Auge. Von hier in-carnieren wir, («carne» bedeutet Fleisch), d.h. hier schlüpfen wir in den «Fleisch»-Körper.

Ist unser Ausgangsbewusstsein noch intakt, also noch nicht abgewertet durch frühere Erfahrungen, nutzen wir jedes einzelne Chakra. Diese Situation ist ideal.

Chakras sind Wahrnehmungsorgane und Werkzeuge zugleich. Wenn wir die spezifischen Fähigkeiten unserer Chakras erlangen, verfügen wir über eine grosse Bandbreite von Verhaltensmöglichkeiten, um unseren Mitmenschen und der Umwelt begegnen zu können. Dieses Spektrum umfasst Dulden, aber auch Abgrenzen, Liebe, aber auch Wut. Wir lernen zuzulassen, aber auch Nein zu sagen. Dies macht uns vielseitiger, stärkt uns, lässt uns den Herausforderungen des Lebens immer besser gewachsen sein.

Meist ist die Situation aber weit entfernt von ideal. Am häufigsten kommt es vor, dass lediglich zwei oder drei Chakras bewohnt und benutzt werden. Erschwerend kommt hinzu, dass die genutzten Chakras oft verletzt und in schlechter Verfassung sind.

Dadurch sind diese Menschen emotional unausgeglichen, fühlen sich vom Leben herumgestossen, aber auch eingeschränkt in ihren Möglichkeiten; missverstanden, desorientiert.

Eines der Hauptziele dieses Buches ist es aufzuzeigen, wie wir Zugang zu den Chakras bekommen und wie wir sie heilen können.

Ja, das tun wir selbst. – Die «Welt» ist nicht dafür zuständig. Und: die Arbeit lohnt sich auf jeden Fall, denn die Ewigkeit ist lang und wir haben nur das zur Verfügung, was wir für uns erarbeitet haben.

Inkarniert in einem Körper ist es wesentlich einfacher an Informationen heranzukommen als im geistigen Raum. Hier auf der Erde stehen Bücher, Vorbilder, Lehrer zur Verfügung. Es gibt das Internet mit Vorträgen und Texten. Das kann zur Verwirrung führen oder aber den spirituellen Weg beschleunigen.

In der verwirrenden Vielfalt dieser geistigen Entwicklungswege können grundsätzlich drei Hauptrichtungen beschrieben werden. Sie basieren auf unseren drei Haupthandlungsebenen Instinkt – Gefühl – Bewusstsein und bilden eine ziemlich pauschale Einteilung.

Die indischen Bezeichnungen dafür sind Karma-, Bhakti- und Jnana-Yoga. Das Wort Yoga bedeutet «Joch». Yoga heisst also, dass wir uns einer Disziplin unterziehen, um einen Weg zu gehen, der zu geistigem Bewusstsein führt.

Heute wird der Begriff «Yoga» oft im Zusammenhang mit einem modernen Lebensstil verwendet. Durch Yoga werden Gesundheit, Schönheit, Fitness, Beweglichkeit, Harmonie, Kraft in Aussicht gestellt.

Das ist bestens in Ordnung. Es ist mir aber wichtig zu betonen, dass niemand spirituell wird, weil er Kopfstand übt. Spiritualität entfaltet sich, wenn wir den Fokus auf Spiritualität richten. Dabei können aber Yoga-Asanas eine tolle Ergänzung sein.

Um es ganz deutlich zu sagen: Ich verwende den Begriff «Yoga» in seiner ursprünglichen Bedeutung. Als Joch, als Weg zu wirklicher Spiritualität und Erleuchtung.

Karma-Yoga, Bhakti-Yoga, Jnana-Yoga

Jeder der drei Wege kann uns zu einer bestimmten Art von Erleuchtung führen. Es sind unterschiedliche Erleuchtungszustände.

Am besten ist es natürlich, wenn wir alle drei Pfade in unserem Leben bereisen können. Die Trilogie macht unsere geistige Entwicklung komplett. In der heutigen Zeit, wo wir Zugang haben zu Informationen über andere Kulturen und Traditionen, ist es auch durchaus möglich, alle drei Pfade zu gehen.

In früheren Zeiten blieben Suchende meist innerhalb ihrer eigenen geistig religiösen Tradition – Mönche in ihren Klöstern, Yogis in ihren Ashrams. Sie konnten nur selten vergleichen und auswerten. Diese Einseitigkeit war prägend und die Tendenz, in der gleichen Tradition erneut zu inkarnieren, wurde auf diese Weise verstärkt.

Unser Bewusstsein weitet sich jedoch erst, wenn wir Verschiedenes und auch Gegensätzliches kennenlernen und integrieren.

Sehr wahrscheinlich bist du den einen oder anderen Weg zur Erleuchtung bereits ein Stück weit gegangen, sonst würdest du dieses Buch wohl gar nicht lesen. Aber vielleicht hat dir bisher noch niemand gesagt, wo du eigentlich stehst.

Eine klare Standortbestimmung deines spirituellen Bewusstseins kann sehr hilfreich sein, da du sonst Gefahr läufst, die verrückte Welt um dich herum als Massstab zu nehmen und dich entsprechend fremd, unpassend, verloren zu fühlen.

Karma-Yoga

Karma-Yoga ist der Pfad des selbstlosen Handelns und Dienens. Seine Anleitung lautet: Sei im «Hier und Jetzt». Tue das, was du tust mit deiner besten Präsenz.

Karma-Yoga bringt die Konzentration ins Hara (2. Chakra), in die Mitte des Bauches unterhalb des Nabels, wie bei der Zen-Meditation in der japanischen Tradition.

> *Du achtest auf deinen Atem. Du bist Beobachter.*
> *Wenn Gedanken kommen, lässt du sie vorbeiziehen*
> *wie Wolken und kehrst zurück zu deinem Atem.*

Um Karma-Yoga zu praktizieren, braucht man sich nicht unbedingt auf ein Kissen zu setzen.

Wir können Karma-Yoga bei allen Tätigkeiten üben, indem wir mit klarer Präsenz unserem Tun die bestmöglichen Qualitäten geben, also so klar, rein, wahrhaftig, liebevoll, sorgfältig wie möglich sind und geniessen, was ist.

Diese Bewusstseinsqualität lässt sich immer üben: Wenn du musizierst, wenn du kochst oder putzt, wenn du wanderst oder singst, wenn du liebst.

Liebe zu machen, Sex zu teilen mit jemandem, den du liebst, kann sogar wunderbare, von der Natur geschenkte Vorbereitung sein für den spirituellen Weg.

Erinnerst du dich, wie es war, als deine Haut

zum ersten Mal die Haut deines/deiner Geliebten

berührte ...?

Gewahrsein bei jeder Gelegenheit – davon wird

deine Spiritualität profitieren.

Vielleicht bist du mitten drin in deiner Karma-Yoga-Zeit, ohne es zu wissen. Vielleicht praktizierst du jeden Tag.

Die Qualität deiner Erfahrung hängt ab von deiner Fähigkeit, dich auf den Moment zu konzentrieren und dich gleichzeitig zu entspannen, dich hinzugeben an den Moment, an die Liebe – oder an höchstes Bewusstsein.

Vielleicht wird das, was im Film «Avatar» veranschaulicht wurde, zu deinem persönlichen Erlebnis: Pflanzen kommunizieren miteinander durch Licht. Die Füsse der Avatars und die Hufe der Tiere, die das Wurzelwerk berühren, lösen Hunderte von leuchtenden Signalen aus, die von Pflanze zu Pflanze huschend, den ganzen Wald ins Geschehen einbeziehen.

Dasselbe geschieht in deinem Körper zwischen den Zellen. Der Körper ist wie ein Universum, in welchem alles miteinander in Kommunikation verbunden ist.

Fokus und Entspannung – Liebe und Mitgefühl – Hingabe an die höchste Qualität der eigenen Essenz und der deines Gegenübers – ausgerichtet sein – entspannen – geniessen.

Wer in diesem Sinne bewusst erlebt, nützt alle diese Erfahrungen auch auf dem spirituellen Weg.

Keine Sorge: Du brauchst keinen Partner dafür und auch keine Berührung. Das Feuerwerk der Liebe ist immer startbereit, manchmal vom zweiten Chakra aus, manchmal vom Herzen her, manchmal noch subtiler. Ein durchlässiges System ist offen für jede Strömung.

Es ist eine göttliche Qualität – rein – ewig. Sei mit ihr – geniesse.

Karma-Yoga und Zen-Meditation

Zen-Meditation ist eine gute Technik, da besteht kein Zweifel.

Du lernst still zu sitzen, den Fokus zu halten, du bist im Hier und Jetzt. Und es wird dir immer leichter fallen, diese innere Zentriertheit während deines Tuns aufrecht zu erhalten.

Beachte sorgfältig, dass du dich nicht in Ritualen verlierst.

Im besten Fall sind Rituale Stufen und Hilfsmittel. Aber sehr schnell können sie zu Fallen werden. Menschen machen sich gerne fest daran ... und nach einer gewissen Zeit sind es nur noch leere Verhaltensregeln, Formen ohne Inhalt.

Viele Menschen, die intensiv Zen-Meditation betreiben, sitzen meiner Meinung nach viel zu schwer auf ihren Kissen, um jemals berührt zu werden von der unglaublichen Leichtigkeit und Liebe der spirituellen Essenz.

Verbring nicht zu viele Jahre oder Jahrzehnte mit Zen – es gibt noch viel mehr zu entdecken.

Bhakti-Yoga

Bhakti-Yoga ist der Pfad von Liebe und Hingabe. Bhakti-Yoga bringt die Konzentration ins Herz (4. Chakra).

Gemäss der Lehre von Karma-Yoga hilft das *selbstlose Tun*, in zentriertem Gewahrsein die Ego-Tendenzen zu überwinden. Wer Bhakti übt, sieht in jedem Aspekt der Schöpfung einen Aspekt Gottes und dient ihm mit *Liebe und Hingabe*.

Vielleicht lebst du Bhakti mit deinen Kindern? In deinem Garten? In der Natur? Beim Musizieren? Nicht jede Meditation ist stilles Sitzen.

Es ist Bhakti, wenn sich dein Herz für etwas Grösseres öffnet, das über dem steht, was gerade vordergründig ist. Mit Worten lassen sich die berührenden Gefühle nur schwer beschreiben. Sie sind tief und erfüllend, rauben uns manchmal die Sprache.

Wenn dein Herz offen ist, scheint dir jeder Baum entgegenzulächeln, jedes Insekt, jede winzige Zelle des Körpers. Du bist dir in solchen Momenten bewusst, dass das Leben voller Wunder ist, denen du in Hochachtung begegnest. Du spürst, dass alles, was dich umgibt, Bewusstsein hat.

Während der Zeit, in der wir uns mit Bhakti beschäftigen, finden wir Orientierung, indem wir uns an «jemanden» adressieren: Das mag Jesus sein, Krishna, ein Mystiker, ein Lehrer oder Meister deiner Wahl.

Oh ja, es gab und gibt sie in allen Kulturen, diese Orientierungshilfen für die Suchenden. Hier auf dieser Erde werden wir nie ganz allein gelassen. Ich werde allerdings später auch auf die astralen Illusionen und Trugbilder eingehen, die so manchen Suchenden täuschen.

Es ist an uns, nach den wahrhaftigen Lehrern zu suchen. Wir müssen die Initiative ergreifen, wenn wir von ihnen lernen wollen.

Vorzuziehen sind auf jeden Fall lebendige Lehrer oder solche, die noch nicht allzu lange verstorben sind. Fotografien, Tonaufnahmen und Videos erleichtern den telepathischen Kontakt. Dagegen lassen Geschichten, die über Jahrhunderte überliefert wurden, viel Raum für Fantasie und Wunschdenken. Du kannst dir nicht vorstellen wie viele verschiedene «Jesuse» verehrt werden ...

Das direkte Feedback eines lebendigen Lehrers ist das Beste.

Wichtig: Alle Lehrer und Meister sprachen jeweils zur Zuhörerschaft ihrer Zeit und Kultur. So kann es sein, dass die verbalen Belehrungen nicht ganz in unser Leben oder in unsere Kultur passen.

Anders ist es, wenn wir sie in unserer Meditation treffen. Wenn wir fähig sind, uns mit offenem Herzen hinzuwenden, werden die höchsten Qualitäten für uns bereit stehen. Sie dienen uns als Vorbild, damit wir die in uns schlummernden Qualitäten wecken können. Oft ist es einfacher, zuerst in einem Spiegel zu erkennen, was eigentlich in uns drin ist. Dafür sind Vorbilder nötig und hilfreich.

Während der Bhakti-Zeit sind wir oft den Tränen nahe. Schicksale berühren uns und das «Schlechte» in der Welt ist kaum auszuhalten – unser Herz blutet. Jetzt ist es wichtig, dass wir lernen, das Bewusstsein in einen «Engelsblickpunkt» (Ebene 10) anzuheben. Auch dort sind wir voller Mitgefühl, haben aber ein umfassenderes Verstehen und können das Geschehen besser erlauben.

In manchen Bhakti-Gruppierungen trifft man Menschen, die sich verhalten wie kleine Kinder: In ihrer Naivität, mit den Füssen nicht wirklich auf dem Boden, fehlt ihnen der Realitätssinn, um Balance in ihr Leben zu bringen.

Für sie ist es höchste Zeit, den Konzentrationspunkt zum Dritten Auge zu bringen.

Jnana-Yoga

Jnana-Yoga ist der Pfad der Erkenntnis. Es ist der Weg, den ich unterrichte. Jnana führt uns zu umfassendem Verstehen aller Ebenen.

Jnana bringt die Konzentration ins Dritte Auge. Dies aktiviert die Zirbel- und die Hirnanhangdrüse, also Epiphyse und Hypophyse.

Das Dritte Auge ist der Sitz des Bewusstseins. Es lohnt sich, den Fokus mehr und mehr hier zu halten. Das gibt uns freie geistige «Sicht»:

- in den physischen Körper
- in die Welt und die Realität um uns herum
- in die astralen Universen
- in die spirituellen Ebenen

Unser Drittes Auge ist dann am stärksten, wenn die instinktiven Ebenen (1., 2. und 3. Chakra) und der Gefühlsaspekt (4. Chakra) integriert, also «erlöst» sind.

Die Schleier werden sich allmählich lüften. Wir alle sind fähig, zu sehen, zu wissen, wahrzunehmen und zu verstehen, denn dies entspricht unserer wahren Natur.

Spirituelles Wissen macht uns gleichzeitig stark und demütig.

Basiswissen zu Chakras und Bewusstseinsebenen

Unsere persönlichen Chakras (1 bis 6) sind verdichtete Manifestationen der astralen und spirituellen Bewusstseinsqualitäten.

Die *materiellen* Manifestationen existieren in linear gemessener Zeit und sind vergänglich.

Die *astralen* Realitäten existieren in grösseren Zeiteinheiten, stehen aber trotzdem in einer gewissen Verbindung zu Raum und Zeit.

Die *spirituellen* Ebenen hingegen sind unvergänglich, ausserhalb von Raum und Zeit. Wer sich hier aufhält, bewegt sich frei im «Zeitfeld», vorwärts, rückwärts, seitwärts.

Die meisten Verstorbenen haben keinen Zugang zu spirituellen Sphären, weil sie sich nicht mehr an sie erinnern und sich leider während ihres Lebens nicht darum gekümmert haben. Sie erinnern sich ans Handeln, an ihre Besitztümer, an Emotionen, an Beziehungen und Befindlichkeiten, aber nicht an spirituelle Bewusstseinsqualitäten.

Besteht zum Beispiel eine Sehnsucht nach reiner Liebe und Frieden, werden Verstorbene vorübergehend in den spirituellen Raum gelangen. Solange aber noch karmische Verbindungen und Anhaftungen existieren, werden sie wieder in die astralen oder irdischen Gefilde zurück gezogen. Sie haben keine freie Wahl.

Meistens setzen Verstorbene, nachdem sie den Körper verlassen haben, ihre gewohnte Tätigkeit fort und involvieren sich in ähnliche Spiele, die sie schon auf Erden gespielt haben.

Das kennen wir von unseren Träumen. Auch sie können Fortsetzungen von Alltagsgeschichten sein, die wir im Schlaf in astralen Welten fortsetzen.

Mehr zum Umgang mit Träumen findest du auf Seite 43.

Die Zuordnung der Drüsen

Das Chakra-System ist die energetische Bauplan-Ebene im Körper.

Das Drüsensystem steht den Chakras am nächsten. Erst wenn wir tiefer in die verdichtete Materie des Körpers eintauchen, gelangen wir zu den Organen, den Knochen, Muskeln, zum Blut usw.

1. Chakra: Nebennieren
2. Chakra: Geschlechtsdrüsen
3. Chakra: Bauchspeicheldrüse
4. Chakra: Thymusdrüse
5. Chakra: Schilddrüse
6. Chakra: Hypophyse und Epiphyse

7. Chakra: gehört gemäss meinem Modell der Astralwelt an.

Mein Modell der Chakras und Bewusstseinsebenen (siehe Folgeseite) hat sich in meiner therapeutischen Arbeit bewährt und als sehr nützlich bei der Orientierung erwiesen.

Höchstes göttliches Selbst	14 Einheit, Quelle, das Numinose, Namenlose
	13 Vollkommene Ausrichtung auf die Quelle
Höheres Selbst	12 Umfassende Wahrnehmung
	11 Unbeschwertes Spiel mit Klängen, Farben und Bewegungen
	10 Bedingungslose Liebe
Astrales Selbst	9 Illusion der grössten Macht und Herrlichkeit
	8 Sexuelle Polarität, astrale Symbiose
	7 Tiefste astrale Illusionswelt, falscher "Himmel", Programme
Bewusstseinsebene	6 Sitz des Bewusstseins, Pforte zur geistigen Welt
	5 Kreativität, Kommunikation, klare Wahrnehmung
Gefühlsebene	4 Mitgefühl, Geben und Nehmen
	3 Emotionale Durchsetzung, Abgrenzung
Instinktebene	2 Sehnsucht nach Symbiose, Sexualität
	1 Überleben

PERSÖNLICHKEIT

Zusammenhänge zw. Chakras und geistigen Ebenen

Die ersten 3 Chakras (Instinkt) spiegeln die astralen Ebenen:

    1. Chakra – Ebene 7
    2. Chakra – Ebene 8
    3. Chakra – Ebene 9

Die drei nächsten Chakras 4, 5 und 6 stehen in Verbindung mit den spirituellen Ebenen, also mit dem Höheren Selbst:

    4 und 10: Die persönliche Liebe und
    die bedingungslose Liebe sind eng verbunden.

    5 und 11: Spielfreude, Klänge, Farben, Bewegung;
    wird in 5 mit dem Körper oder der Materie ausgedrückt
    und ist in 11 ein multidimensionales ätherisches Geschehen.

    6 und 12: Im Dritten Auge haben wir Übersicht
    über die materielle Existenz, unser Umfeld;
    in 12 haben wir die spirituelle Gesamtschau über
    das universelle Geschehen.

Ebene 13 und 14 stehen ausserhalb, sind das göttliche Selbst.

Wer sich in tiefste Meditation zurückzieht, alle irdischen Verhaftungen zurücknimmt und ganz nach innen taucht, kann erleben, wie es sich anfühlt, vollkommen losgelöst von allem Bewegten zu sein.

Und dann gibt es diese «Gnadenmomente», in denen wir überwältigt werden von unbeschreiblicher Glückseligkeit. Ein nährendes und beglückendes Eintauchen. Wenn wir es in diesem Moment zulassen, kann es geschehen, dass wir verschmelzen mit dem Numinosen. Da wird das ICH sterben – für einige Sekunden oder Minuten oder Stunden – die Dauer ist irrelevant.

Danach werden wir «wiedergeboren» und werden wissen, wer wir in Wirklichkeit sind und woher wir ursprünglich gekommen sind.

Meine Erfahrung

Ich hatte das Privileg, Maharaj Charan Singh (1916 – 1990) zu treffen, einen vollendeten spirituellen Meister in Indien.

Viele Tausende waren gekommen, um den Meister zu sehen. Als dieser in Begleitung seiner Helfer die Bühne betrat, schien es, als hätten die Begleitpersonen – obwohl sicherlich reine Seelen – mehr Masse, mehr Oberfläche. Ich finde nur ungenügende Worte, um meinen Eindruck zu beschreiben.

Der Meister hingegen schien die bescheidenste Person von uns allen zu sein und strahlte gleichzeitig grosse Würde aus. Dieses Erlebnis war zutiefst berührend.

In unserer Welt stehen grosse Egos im Blitzlichtgewitter der Aufmerksamkeit, werden als bedeutungsvoll und erfolgreich gefeiert.

Dadurch sind wir gewohnt, Ego-Power und Charisma zu erkennen. Spiritualität hingegen ist etwas vollkommen anderes und kann nur erkannt werden von denjenigen, die ebenfalls spirituelles Bewusstsein haben.

Eine wirklich spirituelle Person ist vollkommen offen und entspannt, geradlinig und direkt. Es gibt keinerlei Geheimnistuerei oder mysteriöse Andeutungen. Jene, die Wunder erleben wollen, werden diese Einfachheit rasch als langweilig empfinden.

Menschen, welche astrale Kräfte benützen, werden immer um ihre faszinierende, geheimnisumwitterte Oberfläche besorgt sein. Diese Anstrengung gibt ihnen Masse. Über ihre Geheimniskrämerei verschaffen sie sich Aufmerksamkeit: «*Ich weiss etwas, was du nicht weisst (weil ich halt sehr speziell bin) und ich werde es dir vielleicht irgendwann mitteilen – falls du dann bereit bist.*»

Dieses Spiel tendiert zu Manipulation und Abhängigkeit. Alles beginnt sehr subtil und ist schwer zu durchschauen. Eine glänzende Maske verdeckt so manche Lüge.

Schlafen und Träumen

Sobald wir mit geistiger Arbeit beginnen, wird sich unsere Schlafqualität verändern, allerdings nicht immer so, wie es uns lieb wäre. Es ist also von Vorteil, ein paar Dinge darüber zu wissen, um Einfluss nehmen zu können.

Menschen tun ganz unterschiedliche Dinge, während sie schlafen und träumen. Die grosse Frage ist, ob das Dritte Auge geschlossen oder offen ist.

Bei geschlossenem Dritten Auge

Bei rund 80% der Menschen sinkt der Fokus während des Schlafes auf die Ebene der Zellen. Wir werden gewissermassen zu «Gemüse». Kein Grund sich angegriffen zu fühlen – das geschieht uns allen von Zeit zu Zeit.

Während der R.E.M.-Phase[1] gelangt das Bewusstsein wieder auf eine höhere Ebene und verarbeitet Themen unseres täglichen Lebens. Das ist die ursprüngliche Bedeutung von «Träumen»: wir sind gefangen in selbstgemachten Geschichten.

Traum-Deuter mit psychologischem Weltbild vertreten oft folgende Meinung: «*Alles, was im Traum vorkommt, bist du, egal ob Baum, Fluss, Haus oder andere Menschen. Du bist alles, weil die Bilder aus dir kommen. In diesem Geschehen gibt es niemand anderes.*»

Diese Aussage ist richtig und falsch zugleich.

In der psychologischen Arbeit, bei der es darum geht, an Informationen zu gelangen, die tief im Unbewussten verborgen sind, werden die Träumenden auf sich selbst zurück orientiert. Es gibt durchaus Prozesse, bei denen dies hilfreich sein kann. Für viele Psychologen

---

1 R.E.M.: Rapid Eye Movements = Schnelle Augenbewegungen. Während dieser Schlafphase steigen auch Blutdruck und Puls an.

darf gar nichts von aussen kommen, alles ist Psyche, alles ist im Inneren. Irgendwann wird diese Betrachtung zur Limitierung.

Für alle, die sich mit geistiger Arbeit befassen, wäre diese Vorgehensweise wenig hilfreich, denn sie haben im Schlaf oder in der Meditation wirkliche Begegnungen mit anderen Wesen.

Wiederum anders ist es für vollkommen erwachte Wesen. Sie erkennen alles als Teil von sich – träumen aber nicht, insbesondere keine emotional geprägten Träume.

Wenn das Dritte Auge offen ist

Sobald das Dritte Auge offen ist, wirst du immer wieder in astrale oder spirituelle Universen eintauchen, während dein Körper schläft.

Alles, was spirituell ist, hat sehr viel mehr Raum. Wir kommen damit aber lediglich in Kontakt, wenn die Frequenz unseres Bewusstseins subtil genug ist und wir den Kontakt auch willkommen heissen. Spirituelle Wesen sind frei und liebevoll und haben keinerlei Absicht, dich zu erschrecken oder zu foppen, zu stossen, zu zerren, festzuhalten oder zu formen. Sie warten immer auf deine Kontaktnahme und respektieren deinen freien Willen. Manchmal werden wir von einer Kontaktaufnahme überrascht, weil wir uns gar nicht mehr erinnern, dass wir sie gerufen haben.

Spirituelle Qualitäten sind ein erfreuliches Thema. Mehr dazu im Laufe dieses Buches.

Es sind vor allem die astralen Universen, die uns nahe rücken, uns umhüllen oder in uns eindringen. Astrale Wesen haben Absichten, Emotionen, Probleme und Bedürfnisse und nehmen Schlafende oft mit in ihr eigenes «Kino». Viele von ihnen stecken fest in hässlichen Geschichten oder traumatischen Geschehnissen. Sie leiern immer wieder diese wenig erfreulichen Bilder herunter. Und obwohl diese Filme nichts mit uns zu tun haben, träumen wir sie, ob wir wollen oder nicht.

Manche astrale Wesen wurden auch beauftragt, die Träumenden zu verwirren, zu verängstigen, abzuwerten oder gar sexuell zu missbrauchen.

Die Themen, mit denen wir uns während des Tages beschäftigt haben, bestimmen die Frequenz unseres Bewusstseins. Das Traum-Theater spielt häufig auf der gleichen Frequenz. Deshalb ist es sinnvoll, vor dem Einschlafen die Emotionen und den geistigen Raum aufzuräumen und das Bewusstsein anzuheben.

Das Traum-Theater folgt einem bestimmten Programm

Wenn das verletzte 1. Chakra viel Energie hat:

Wenn du Ängste hast bezüglich Existenz (Arbeit, Haus, Essen, Geld) oder bezüglich Gesundheit, Krankheit, Tod wirst du öfter in einem dieser Traumkinos landen:

Jemand jagt dich. Du stehst auf einem Kliff und drohst zu fallen. Ein wildes Tier will dich auffressen. Jemand hat deinen ganzen Besitz gestohlen. Dein Haus brennt. Du verlierst deine Arbeit. Jemand droht dich umzubringen usw.

Wenn das verletzte und bedürftige 2. Chakra viel Energie hat:

Das Zweit-Chakra-Kino ist für alle diejenigen, die das grosse emotionale Bedürfnis haben, zu einer Gruppe oder Familie zu gehören oder die sich danach sehnen, von allen geliebt oder zumindest positiv wahrgenommen zu werden. Ein weiteres grosses Thema hier ist Sexualität und damit verbunden die Sehnsucht, begehrt und nicht abgewiesen, verletzt, ausgenützt, ignoriert, missbraucht zu werden.

Im 2. Chakra-Traumkino wird man dich aus der Gruppe wegschicken. Du stehst alleine, niemand liebt dich. Du wirst belächelt, gedemütigt.

Bezüglich Sexualität kann hier alles vorkommen. Solange du dich erfreust, möchtest du diese Träume vielleicht zulassen. Ich empfehle es nicht, weil es immer schwieriger wird, wieder frei zu werden. Astrale Sexualität beinhaltet jede Art von Missbrauch. Ist die Türe einmal offen, lässt sie sich nur schwer wieder schliessen.

Wenn das verletzte 3. Chakra viel Energie hat:

Auf dieser Ebene sind wir Kämpfer: manchmal siegen wir, meist verlieren wir aber. Nehmen wir an, wir kämpfen gegen zehn Feinde und sind überlegen. Die Besiegten werden früher oder später ebenfalls siegen wollen. Aus diesem Grund bleiben sie mit uns verbunden, wollen doch auch sie zu ihrem Recht kommen. Wenn nicht in diesem Leben, dann vielleicht im nächsten. So funktioniert Karma. Wir werden unsere Gegner nicht so einfach los.

Ein Vorschlag zwischendurch – zur Güte (und Entspannung)

Bist du in deinem Leben oft damit beschäftigt zu zeigen, wie brillant du bist?

Verschaffst du deinem Ego gerne eine goldene Oberfläche,

die du täglich polierst?

Das ist sehr anstrengend.

Wenn du genug davon hast, kannst du damit auch aufhören.

Denn nur als spirituelle Wesen sind wir perfekt.

Als Mensch perfekt sein zu wollen, ist eine Illusion.

Okay, zurück zum Thema:

Wer sein Leben aus dem 3. Chakra bestreitet, wird diesen Kampf im Traum-Theater auf den astralen Ebenen noch erweitern:

Während des Schlafes ist der anerzogene Moralkodex, der im Tagesbewusstsein als Zensur wirkt, ausgeschaltet. Man mag sich im Alltag mehr oder weniger unter Kontrolle haben. Im Traum aber sind die Zügel lang. Emotionen übernehmen die Führung, egal welche kulturell anerzogenen Vorstellungen das Verhalten im Leben sonst definieren.

Und glaube mir, auf den astralen Ebenen gibt es immer Gegner, die stärker sind als du! Diejenigen, die keine physischen Körper haben, kämpfen mit anderen Waffen. Waffen, die dir vermutlich nicht bekannt sind.

Die wirkliche Lösung auf dem Weg zur Befreiung besteht darin, mit diesen drei Chakras tiefgreifende Heilsarbeit zu machen.

Sobald diese Zentren erleuchtet sind, werden wir im Schlaf viel seltener in die astralen Sphären, in diese spezifischen Traum-Theater tauchen.

Manchmal gerate ich nachts auch auf astrale Ebenen und bin immer dann zufrieden mit mir, wenn ich dort nach derselben Ethik agiere wie hier in dieser Welt.

Meine Lösung für den Moment

Erledige vor dem Einschlafen deine «Psycho-Hygiene»:

Beende, was noch in Schwebe ist, schliesse Dialoge ab, finde Antworten für Fragen, die dich beschäftigt haben während des Tages. Schreibe auf, was du nicht abschliessen kannst. So hindert es dich nicht am Einschlafen.

Finde die Liebe in dir – oder die Ruhe, die Gelassenheit.
Entspanne dich.

Natürlich wäre es das Beste, mit der spirituellen, bedingungslosen Liebe in Kontakt zu kommen. Das wird vermutlich nicht immer möglich sein. Aber es ist gut zu wissen, dass sie als unsere Essenz immer in uns wohnt.

Wer seine Schwingung durch diese Schritte verändert, wird den astralen Wesen nicht mehr auffallen.

Gib dir selbst ein Programm: «Ich will erwachen, sobald ich in ein astrales Kino hineingezogen werde!»

Nach dem Erwachen, kannst du den «Traum» so zu Ende denken, wie du ihn haben willst.

Weisst du noch, was Morpheus in «MATRIX» zu Neo sagte?

«Einige Gesetze kann man biegen, andere kann man brechen.»

Übe es im Wachzustand:

Wenn dich im Traum der Tiger verfolgte, tauche nach dem Erwachen in die gleiche Geschichte ein. Nun aber breitest du deine Flügel aus und fliegst davon.

Wenn dir jemand folgte, um dich zu erschiessen, träume die Sequenz im Wachzustand fertig. Dreh' dich um, breite deine Arme aus und sag: «Versuche es! Du kannst mich nicht töten, weil ich ein unsterbliches Wesen bin.»

In der Traumwelt hast du keinen physischen Körper, den du schützen musst. Es kann also nichts geschehen.

Übe im Wachzustand so lange, bis es dir auch im Traum einfällt.

Im Traum hinter dem Zug herrennen? Nicht nötig! Im «Wachtraum» setzt du dich einfach dorthin, wo du sein willst. Wir reisen per Gedanke.

Geniesse es, deine Träume auf möglichst vergnügliche und kreative Art zu beenden.

Dieses Training lohnt sich. Bald wirst du im Traum «erwachen» und fähig sein Regeln zu biegen oder zu brechen. Dies nennt sich luzides Träumen.

Sobald du dies gemeistert hast, wirst du in deinen Träumen kaum noch in astralen Kinos landen. Wenn wir etwas begriffen haben, sind wir immun dagegen. Stattdessen wirst du lernen, deine Nächte im spirituellen Raum zu verbringen.

Chakras: von unbewohnt bis erleuchtet

Chakras können im Tiefschlaf sein, erwacht, bewohnt oder unbewohnt. Sie können zu viel oder zu wenig Energie haben, verletzt oder geheilt sein – oder sie können erleuchtet sein.

Es gibt also viel Spannendes zu lernen.

Es ist gut möglich, dass du eines oder auch zwei oder drei deiner Chakras noch gar nicht in Besitz genommen hast. Dann ist dort «niemand zuhause». Deine Mitmenschen werden dich auf diesen Ebenen als unnahbar oder langweilig empfinden und die zugehörenden Themen im Kontakt mit dir bald ausklammern.

Chakras sind Werkzeuge, die wir mit mehr oder weniger Geschick anwenden. Bei manchen Themen sind wir begabter als bei anderen. Wir gewinnen aber enorm, wenn wir uns ernsthaft bemühen, auch unsere Schwächen zu entwickeln oder gar zu überwinden.

Wenn ein bewohntes Chakra noch fast leer ist, fühlen wir uns bedürftig und möchten von anderen dem jeweiligen Chakra-Thema gemäss genährt werden.

Hat ein Chakra zu viel Energie, sind wir auf diesem Thema im Zustand des Überflusses, sind vielleicht überaktiv, getrieben oder zu expansiv nach aussen greifend.

Chakras können entspannt oder verspannt sein.

Ist ein Chakra entspannt, weil wir bei dem ihm zugehörenden Thema keine Probleme haben, werden sich andere in unserer Gegenwart ebenfalls entspannen. So bewirkt beispielsweise eine Lehrperson mit entspanntem Selbstvertrauen eine Beruhigung bei den Schülern. Bei Verspannung mit einem Thema ist die Energie in der Regel blockiert und wir können nicht frei agieren. Entsprechend verhalten sich Menschen, mit denen wir in diesem verspannten Zustand in Kontakt kommen, häufig auch gehemmt.

Oft sind Chakras verwundet.
Manche dieser Verletzungen der Chakras bringen wir schon aus früheren Leben mit. Sie liegen oft weit zurück und entziehen sich unserer Erinnerung. Längst haben wir uns mit einem dicken Panzer, den wir als solchen kaum noch wahrnehmen, vor dem Schmerz geschützt.

Nicht selten sind Chakras fremdbesetzt.
Fremdbesetzer sind geistige Wesen, meist Verstorbene, die Einsitz nehmen in Chakras[2], im Emotional-[3] oder Mentalkörper[4]. Ganz kleine Wesen setzen sich auch auf die Zellen oder machen sich an der Körperintelligenz fest, unserem «geistigen Software-Programm». Die Körperintelligenz ist eine kreierte Entität (Seiendes, Ding), welche für die Gesundheit, das Überleben des Körpers und der Art sorgt.

Manche Fremdbesetzungen verhalten sich vorerst still. Früher oder später beeinflussen sie jedoch unsere Emotionen, unser Denken oder unser Verhalten gemäss ihren Bedürfnissen und Absichten. Oder sie irritieren Körperfunktionen und Heilungsprozesse.

Aus spiritueller Sicht gehören Fremdbesetzungen befreit. Aber nicht verbannt (Exorzismus) oder ins Licht geschickt (Esoterik). Ich gehe ab Seite 164 auf das Befreien von Wesen ein.

---

2 Schamanen laden Wesen ein, in ihren Chakras zu wohnen. Diese «Helfer» sollen dem Schamanen Fähigkeiten verleihen und seine oder ihre Kraft vergrössern. Aus spiritueller Sicht sind solche Fremdbesetzungen nicht wünschenswert, weil sie der Selbstbestimmung widersprechen.

3 Der Emotionalkörper durchdringt und umgibt den physischen Körper, wenn wir gesund sind, meist um eine halbe oder ganze Armlänge. Angst, Trauer, Verunsicherung oder Depression verkleinern ihn. Freude, Begeisterung, Verliebtheit machen ihn gross. Fremdbesetzungen können sich an einer bestimmten Frequenz festmachen und diese verstärken oder sich von ihrer Energie nähren.

4 Der Mentalkörper ist subtiler, beweglicher und grösser. Darin befinden sich gesellschaftliche, weltanschauliche oder religiöse Modelle, allerlei Dogmen, Vorstellungen und Programmiertes. An diesen Inhalten können sich Fremdbesetzungen festmachen.

Jedes einzelne Chakra kann erleuchtet sein.

Diese Chakra-Erleuchtungen oder kleinen Erleuchtungen kommen zustande, wenn die Entwicklungsprozesse erfolgreich verlaufen sind, wir in uns ruhen, keine Ego-Absichten haben und uns heiter und gelassen fühlen.

Ein unerfahrenes Chakra mag zwar Reinheit oder Strahlkraft haben, aber die Bezeichnung «Erleuchtung» ist erst angebracht, wenn auch schmerzliche Erfahrungen ausgewertet und ausgeheilt wurden. Es ist dieser innere Heilungsprozess, der uns über den eigenen Schmerz erhebt, uns verständig macht für das Leiden anderer.

Erst müssen wir wissen, wie es sich anfühlt, wenn wir ein Zentrum bewohnen, wenn es zu viel oder zu wenig Energie hat, wenn es verletzt, blockiert oder fremdbesetzt ist.

Dies alles fordert uns heraus, unsere Themen genau anzuschauen. Die Wunden gehören ausgeheilt, wie man auch Probleme nicht unter den Teppich kehrt oder mit einem Schildchen versieht: *«So bin ich nun einmal, ich kann nichts dafür.» «Ich wurde als Kind oft allein gelassen, geschlagen, missbraucht.» «Mein Vater war Alkoholiker, meine Mutter depressiv.»* – Oder: *«Ich bin halt im Stier geboren ...»*

So lange, wie wir solche Entschuldigungen oder Rechtfertigungen vorbringen, sind wir identifiziert mit dem Geschehen.

Die Erfahrungen oder Programmierungen können von innen heraus geheilt werden – bis sie keine Bedeutung mehr haben.

Es ist viel ehrliche Arbeit erforderlich, um zu einem reifen, entspannten und glücklichen Zustand zu gelangen. Und erst nach erfolgtem Prozess werden wir uns unseres inneren Reichtums und unseres Gleichgewichts bewusst.

Dann gibt es keine emotionalen Abhängigkeiten mehr. Und obwohl wir als soziale Wesen mit anderen im Austausch sind, bleiben wir emotional autark.

Erleuchtung in den einzelnen Chakras heisst also, dass jedes Chakra erfahren, geheilt und «satt» ist und in heiterer Gelassenheit ruht.

Ich bin mir bewusst, dass geistige Arbeit aus der Mode gekommen ist. Erleuchtung anzustreben, scheint veraltet. Eine Lehrerin, einen Lehrer zu haben, gilt als uncool.

Leider ist es ein Trugschluss, wenn wir annehmen, weil wir die Vollendung, die Erleuchtung in uns tragen, sei keine Anstrengung nötig, sie auch wirklich zu erlangen.

Ein Lächeln aufsetzen und behaupten, man sei erleuchtet?

Für diejenigen, welche den Kontakt zur Essenz nie verloren haben, mag das angehen. Aber sie können uns nicht lehren, denn sie sind den Weg nicht gegangen, weil sie nicht als menschliche Wesen inkarnierten. Sie haben also die Ängste, Abwertungen, die Verzweiflung und Agonie nie erlebt. Auf dieser Erde sind sie die Unerfahrenen.

Auch wenn die Zeit der grossen Gurus vorbei ist, sollten wir trotzdem von der spirituellen Erfahrung und Weisheit anderer profitieren. Es ist nicht nötig, das Rad neu zu erfinden.

Wie schon bemerkt: Potenzial ist erst Potenzial. Solange es nicht erweckt ist, hat es keinerlei Auswirkung. Es entsteht nichts von selbst. Das Potenzial ist vorhanden. Nun muss es sich manifestieren.

Höchste Zeit praktisch zu arbeiten!!

Es ist wunderbar herauszufinden, wie man seine Befindlichkeit grundlegend verändern kann, wenn man die persönlichen Chakras diagnostizieren und sie danach in ihrer Qualität optimieren kann.

Der Moment wird kommen, wo deine Chakras erleuchtet sind. – Zwar nicht für immer, aber du wirst wissen, wie du sie verändern kannst. Es ist wie mit den Fensterscheiben:

Besser als geputzte Scheiben zu haben, ist zu wissen,

wie man sie reinigt, denn sie werden es immer wieder

nötig haben.

Erstes Chakra – Wurzel

Das erste Chakra (Wurzelchakra), befindet sich am untersten Ende der Wirbelsäule.

Element: Erde, männliche Qualität.

Als instinkthafte Instanz hat es die Aufgabe den Körper zu schützen. Überleben und Existenzsicherung heissen seine Themen.

Dieses Zentrum befähigt uns, je nach Art der Bedrohung zu kämpfen oder zu flüchten. Das Nebennieren-Hormon Adrenalin unterstützt diesen Reflex. Das Denken setzt erst viel später ein. Denken gehört nicht zu den Aufgaben des ersten Chakras.

Ob eine Person flüchtet oder kämpft, hängt einerseits von ihrem körperlichen Zustand ab (Kondition, Alter etc.), aber auch von der emotionalen und mentalen Konditionierung (Erziehung, Moral, frühere Erlebnisse etc.).

Für manche Menschen ist eine Spinne Grund genug für eine Flucht, bei anderen weckt sogar ein Krokodil den Kampfgeist.

Während unserer Geburt ist das erste Chakra aktiv. Es ist wichtig, dass es fähig ist, später wieder zu entspannen. Dies tut es, wenn ihm seine Situation Sicherheit gibt > siehe 2. Chakra.

Wichtig: Es gibt viele Menschen, die es mögen, wenn das Adrenalin durch ihr System pulsiert. Ich werde darauf nicht eingehen, weil der spirituellen Meditation ein tiefer Adrenalinspiegel besser bekommt.

Das erste Chakra und seine verschiedenen Zustände

- Das Chakra ist nicht bewohnt:

    Die Person ist schlecht geerdet, d.h. sie hat sich dieses Leben in der Materie noch nicht wirklich zu eigen gemacht. Es ist, als würde sie sich die Füsse nicht nass machen wollen. Sie hat wenig Bereitschaft, sich wirklich einzulassen und wechselt häufig den Wohn- oder Arbeitsort.

- Das Chakra ist bewohnt, hat aber wenig Energie:

  Die Person ist leicht zu verunsichern, hat wenig Vertrauen, dass sie den irdischen Herausforderungen gewachsen sein könnte.

- Das Chakra hat zu viel Energie:

  Die Person ist übermässig auf materielle Sicherheit bedacht. Sie redet fast ausschliesslich von Geld, weil es die einzige Sprache ist, die sie versteht. Währung scheint ihr die einzige akzeptable Masseinheit zu sein. Hier gibt es starke Verhaftungen an die materiellen Dinge bis hin zu Messy-Verhalten, weil Besitz Sicherheit suggeriert.

- Erleuchtung des ersten Chakras:

  Die Person bewohnt den ganzen Körper bis zur kleinen Zehe und wirkt stabil verwurzelt. Sie verfügt über das so genannte «Urvertrauen», hat also das Gefühl, dass sie die Erde trägt und ernährt und dass man mit Herausforderungen schon irgendwie fertig werden wird.

  Dieses Sicherheitsgefühl kommt zu Stande, wenn auch das Sterben ein natürlicher Teil des Gesamtbildes ist.

Angst ist die Emotion des ersten Chakras

Wichtig: Habgier ist nicht die richtige Antwort auf Angst.

Wo auch immer Habgier die treibende Kraft war, wurde meist viel Zerstörung angerichtet. Ein Grossteil des unfassbaren Leids der Dritten Welt ist das Resultat der Gier der Menschen in den industrialisierten Ländern. Diese betrachten die Welt als Selbstbedienungsladen, in welchem man möglichst billig einkaufen will, ohne jegliche Verantwortung zu übernehmen.

Eine einfache und wahrhaftige Lebensführung wäre wünschenswert.

Den Richtwert ermitteln wir, in dem wir uns überlegen, ob unsere Lebensführung, wenn man sie multiplizierte, zur Verbesserung oder Verschlechterung der Situation auf der Erde führen würde.

Das erste Chakra kann lernen, sich sicher zu fühlen, wenn wir realisiert haben

- wie vergänglich unser inkarniertes Leben ist
- und dass dagegen die spirituelle Existenz ewig ist.

Wir haben verlernt, Krankheit und Tod in unser Weltbild einzubeziehen. Es können Tausende bei einem Erdbeben, Tsunami oder in fernen Kriegen sterben, ohne dass es uns wirklich berührt. Dagegen sind wir zutiefst verunsichert, wenn jemand aus unserer Mitte überraschend durch Krankheit, Unfall oder Suizid stirbt.

Mit dem spirituellen Blick können wir Angst in Vertrauen transformieren.

Übung für das erste Chakra

Setz dich solide auf deinen Stuhl oder auf ein Kissen – und in diesen Körper hinein, als würdest du in einen Taucheranzug schlüpfen.

Atme in dein Drittes Auge – halte für einige Sekunden – atme aus und stell dir vor, wie die Energie durch deinen Körper nach unten fliesst – bis in den Boden oder sogar bis zum Erdmittelpunkt. Wiederhole, bis du deine Füsse, die Unterlage darunter und den Energiefluss gut wahrnimmst.

(5 Minuten vielleicht. Kurze Sequenzen halten das Ganze spielerisch.)

Unser Beckenraum ist geformt wie eine Schale. Fülle sie mit Energie, mit deiner Präsenz und behalte den Fokus im Dritten Auge. Alles ist gut, wenn du dich in diesem Bereich entspannt, ruhig und stabil fühlst.

Wenn es sich zittrig oder unruhig anfühlt, bist du im «Überlebens-Modus». Diesen gilt es zu beruhigen, indem du mit dem 1. Chakra kommunizierst. Es wird dir gut gelingen, wenn du nicht in diesem Moment auf der Flucht bist oder einen akuten Grund hast für Lebens- oder Existenzangst.

Es ist häufig die Angst der Körperintelligenz, die wir hier wahrnehmen. Sie spiegelt äusseres Geschehen, reagiert mit Zittern oder Durchfall, wenn wir beispielsweise Zeugen eines Unfalls geworden sind.

Kommuniziere ins 1. Chakra bzw. zum Körper, dass du in Sicherheit bist (Ich hoffe, dass du es bist ... Ich halte nichts von Selbstsuggestionen, die eigentlich Selbstlügen sind.), und dass du als Wesen bereit bist, die Verantwortung zu übernehmen.

Das 1. Chakra reagiert instinkthaft, wenn akute Gefahr droht. Für Themen, die das Überleben längerfristig sichern sollen, ist es nicht zuständig. Dafür schalten wir besser den Verstand ein.

Fühlt es sich gut an, wenn du sagst:

«Dies ist mein Körper, dies ist mein Leben»?

Stehst du auf deinen eigenen Beinen? Bist du bereit, die Verantwortung für deine Existenz zu übernehmen?
Oder delegierst du die Verantwortung? Sollten sich lieber andere um deine Angelegenheiten kümmern?

So weit es dir möglich ist, solltest du die Verantwortung selbst übernehmen. Daraus erwächst grosse Kraft und früher oder später stehst du stabil auf deinem festem Boden und nicht mehr auf demjenigen von anderen – Eltern, Therapeuten, Partner.

Sobald wir uns sicher fühlen, ist dieses Chakra ruhig und stabil.

Menschen sind sehr verschieden. Wir alle leiten unser Sicherheitsgefühl von unterschiedlichen Dingen ab. Finde heraus, was du brauchst, um dich sicher zu fühlen – und vergiss nie, dass du eines Tages alles hinter dir lassen wirst.

Zweites Chakra – Hara

Das zweite Chakra, das Hara, liegt zwischen dem Schambein und dem Nabel.

Element: Wasser, weibliche Qualität.

Auch dieses Zentrum gehört zur instinkthaften Triade:

1. Chakra: Körperliches Überleben
2. Chakra: Emotionales Überleben und Sexualität, Symbiose
3. Chakra: Abgrenzung, Sichern des eigenen Raumes

Die perfekte Szene für das 2. Chakra wird durch das Neugeborene repräsentiert, das genährt und schlafend in den Armen der liebenden Mutter liegt. Seine Bedürfnisse werden vollkommen abgedeckt, ohne dass es sich darum bemühen muss. Die Symbiose ist vollkommen.

Wir werden die Charakteristik des Wasserelementes besser verstehen, wenn wir das Verhalten des Wassers in der Natur beobachten. Wasser sucht immer nach der tiefsten Stelle und mischt sich mit allem, was es auf seinem Weg antrifft. Der Regen, der über die Strasse zum Rinnstein fliesst, wird so zur graubraunen Brühe. Die Sonne lässt das Wasser wieder verdampfen. Zurück bleibt Staub.

Auch unser emotionales Wasserelement mischt sich leicht mit allem, was wir da draussen antreffen. Um zu verhindern, dass wir in der «kollektiven Suppe der Emotionen» verloren gehen, sind wir gut beraten, unsere Wasserenergie in unserem Beckenraum zu bewahren und nicht in die Welt hinaus fliessen zu lassen.

Wer mit seiner 2. Chakra-Energie allzu neugierig ins Energiefeld anderer hineintastet, um alles ganz intensiv zu erfahren, wird sich bald selbst nicht mehr erkennen, weil die eigene Energie von all den fremden Qualitäten überfärbt ist.

Der Sonne, die das Wasser wieder reinigt, entspricht der klare Entscheid unseres Geistes. Wir können entscheiden, wie sehr wir uns einbringen, mischen oder zu welchem Zeitpunkt wir uns wieder aus Geschehnissen herausnehmen.

Es ist wichtig zu wissen, dass wir auch bei intensiven Kontakten oder sogar in der Sexualität unser Wasserelement unvermischt bewahren können. Es ist, als würden wir unser Wasser in einem Ballon belassen. Dieser kann sich zwar maximal anschmiegen, aber die Energie mischt sich trotzdem nicht.

Sich zu «begegnen» ist stets besser, als sich zu «vermischen»!

Dies gilt mit Sicherheit für diejenigen, die einen spirituellen Weg gehen möchten. Andere setzen oft alles daran (Alkohol und Drogen), um die absolute Durchmischung zu erfahren. Jedem das Seine.

Das zweite Chakra und seine verschiedenen Zustände

- Das Chakra wird nicht benutzt:

    Die Sinnlichkeit fehlt. Diese Menschen haben einen eher trockenen Umgang mit dem eigenen Körper, mit Haustieren, Materialien, Nahrungsmitteln, Pflanzen, Düften etc.
    Sie wirken hölzern in ihren Bewegungen.
    Sexualität bekommt eine technische oder sportliche Qualität – wenn sie überhaupt gelebt wird.

- Das Chakra hat nicht genügend Energie und/oder ist verletzt:

    Durch den ständigen Hunger nach Akzeptanz ist diese Person leicht zu verführen. Ein nettes Wort, das richtige Kompliment und die Person gehört dir – bereit, sich manipulieren zu lassen.

    Das bedürftige 2. Chakra lebt nach folgenden Programmen:
    - Nur wenn du mich liebst,
    - nur wenn du mich dafür bewunderst, was ich bin und tue,
    - nur wenn du mich sexuell begehrst,

    kann ich mir erlauben zu sein, zu existieren!»
    Das Wohlwollen anderer hat existentielle Bedeutung.

- Das Chakra hat zu viel Energie:

    Mit grosser Wahrscheinlichkeit ist diese Person übersexualisiert. Sie gehört zu denjenigen Menschen, die dich kurz taxieren um herauszufinden, ob sich der Aufwand der Kontaktaufnahme lohnt. Ihr Instinkt ist so ausgebildet, dass sie genau wissen, wer zu haben ist und wer nicht. Wie unsere Nachbarn aus dem Tierreich.

- Erleuchtung des zweiten Chakra:

    Es ist gefüllt mit Energie, ist entspannt und glücklich. Sinnlichkeit ist als natürlicher Aspekt ins Leben integriert. Man geniesst zu riechen, zu schmecken, zu sehen, zu hören, berührt zu werden und zu berühren ...

    Der Gang ist elastisch, man tanzt gerne, weil man den Rhythmus im Blut hat.

    Die sexuelle Energie ist ausgeglichen, das Zentrum ruht in sich.

    Auch gesunde Akzeptanz und Wertschätzung für sich selbst gehört dazu. Man ist nicht abhängig vom Lächeln und von den Komplimenten anderer.

    Man hat begriffen, dass Menschen nie perfekt sind – und hat sich damit ausgesöhnt.

    Ein erleuchtetes zweites Chakra ist die Quelle von ständiger, kindlich-reiner Freude, die alles färbt, was man tut.

Bedürftigkeit und Sehnsucht nach Symbiose

Die emotionale Bedürftigkeit des zweiten Chakras schmerzt sehr.

Es ist der Urschmerz über die zerstörte Symbiose. Sie mag bei der Geburt in dieses Leben entstanden sein oder bereits in früheren Existenzformen.

Stephen H. Wolinsky beschreibt in seinem Buch «Die Essenz der Quantenpsychologie», wie tief uns der Schock über den plötzlichen

Verlust der Geborgenheit trifft, und dass wir den Fehler dafür bei uns suchen. Selbstverständlich ist das ein non-verbaler Prozess, der direkt über das Empfinden abläuft. Der Trugschluss, dass wir grundsätzlich falsch sind, gräbt sich tief ein. Wolinsky nennt dies den «falschen Kern», den wir selbst in unserem Inneren erschaffen.

Je nach Veranlagung heisst dieser falsche Kern:

Ich bin unvollkommen. Irgendetwas stimmt mit mir nicht.

Ich bin wertlos, habe keine Bedeutung.

Ich bin unfähig zu handeln, zu entscheiden.

Ich bin unzulänglich.

Ich existiere nicht, ich bin nichts, ich habe nichts.

Ich bin allein.

Ich bin nicht gut genug. Irgendetwas fehlt.

Ich bin machtlos.

Ich bin ohne Liebe.

Wolinsky schreibt dazu: «Solange dieser Urschmerz nicht geheilt ist, wird jeder Gedanke, jede Handlung, jedes Projekt dahin zielen, diesen Schmerz nicht zu fühlen. Als Kompensation des falschen Kerns erschaffen wir ein «falsches Selbst», das so weit wie möglich vom falschen Kern entfernt ist. Wir leben also in einer ständigen Kompensation, in einer Selbstlüge ...»

Da es sich um ein instinkthaftes Geschehen handelt, fehlt uns der rationale, analytische Zugriff. Wir leiden ohne zu verstehen, warum.

Beziehungen versprechen, uns über diesen Schmerz hinweg zu retten. Wenn sie in die Brüche gehen, fühlen wir uns erneut verloren. Der falsche Kern bestätigt und verstärkt sich erneut.

Eine abwechslungsreiche Sexualität zu leben, mag über mangelnde Geborgenheit hinwegtäuschen. Sie wird kaum ausreichen, um ein verletztes 2. Chakra zu heilen.

Solche «ewigen Opfer» treffen wir häufig. Für die bedürftigen Zweit-Chakra-Menschen scheint alles unglaublich schwierig. Sie fühlen sich vom Leben ungerecht behandelt. Sie klagen, aber sie sehen sich nicht in der Lage, ihr Schicksal selbst in die Hand zu nehmen und etwas zu verändern. Alles dreht sich um ihr Leid. Sie hoffen ständig auf das grosse Wunder. Sie bitten, beten ... Sie versuchen verzweifelt die Verantwortung zu delegieren: An Eltern, Freunde, Ärzte, Therapeuten, Geistführer, Engel, an GOTT...

Für sie wäre eigentlich der Satz gedacht: *«Hilf dir selbst, dann hilft dir Gott»*, den sie allerdings nicht hören wollen. Sie hoffen auf Hilfe von einem wunderbaren Retter und enden häufig in tiefer Enttäuschung.

Ganz klar: Wenn wir jemandem begegnen, der vom Leben gebeutelt ist, werden die meisten von uns spontan Beistand leisten, denn echter Schmerz weckt unser Mitgefühl. Wir helfen gern, damit jemand wieder auf die Beine kommt. Wenn es aber heisst: *«Ich bin die Ärmste, und deshalb musst du für mich ...»* geht unsere Geduld schnell zu Ende. Letztlich ist in solchen Anforderungen auch ein Machtanspruch verborgen.

> *Nicht selten geschieht es in meiner Praxis, dass klagende Klientinnen oder Klienten unvermittelt in grosse Wut geraten, weil ich mich nicht beeindrucken, sprich vereinnahmen lasse.*
>
> *Mein Widerstand entsteht, wenn etwas nicht wahrhaftig ist und zu sehr nach Selbstmitleid klingt. – Durch den Widerstand versiegen die Tränen plötzlich und der Geist meines Gegenübers wird kristallklar: meine Klientin oder mein Klient kann die gegen mich aufwallenden Emotionen überzeugend und ohne zu stocken formulieren und hat keinerlei Antriebsprobleme mehr ...*
>
> *Einige konnte ich gerade noch darauf aufmerksam machen, wie kraftvoll und entschieden sie waren, bevor sie sich verabschiedeten ...*

Diese Menschen haben sich so daran gewöhnt, immer die gleiche Leier zu spielen, dass sie selbst überrascht wurden von ihrer Kraft. –

Mindestens eine Person hat ihr Leben nach der explosiven Begegnung vollkommen verändert. Sie ist endlich für ihre Bedürfnisse eingestanden, hat u.a. die Arbeitsstelle gewechselt und berichtete mir einige Zeit später glücklich über ihre Schritte in ein neues Leben.

Bei diesem wichtigen Entwicklungsschritt, wenn sich jemand über das 2. ins 3. Chakra erhebt, kann es anfangs etwas unschön werden. Türen werden geknallt, Kraftwörter gebrüllt ... Dies kann der Beginn eines gesunden Prozesses zu einer neuen, starken Persönlichkeit sein. Schade, wenn diese Klienten ihren Zorn gegen den Therapeuten richten, anstatt mit diesem weiterzuarbeiten. Jetzt würde die spannende Arbeit erst anfangen!

Übung für das zweite Chakra

Setz dich aufrecht oder lege dich flach auf den Rücken, die Hände auf dem Bauch, unterhalb des Nabels.

Der Atem fliesst entspannt, die Hände spüren die Bewegung.

Werde dir der Schale bewusst, die der untere Teil deines Körpers bildet und bring das Wasserelement dahin zurück. Diese Energie fliesst immer dann zu anderen, wenn wir symbiotisch verschmelzen oder uns in einem emotionalen Feld geborgen fühlen wollen.

Bring deine energetischen Hände (sie sind wie energetische Tentakel), mit denen du deine Kinder oder andere geliebte Personen festhältst, zu dir zurück.
Das kann eine Weile dauern, weil wir uns oft nicht vorstellen können, jemanden einfach so loszulassen.

Kannst du dir selber das geben, was du von diesen Menschen erwartest?

Zum Beispiel das Gefühl, dass dein Leben Bedeutung hat? – Kannst du dir - trotz Fehlern und Schwächen - Existenzberechtigung geben?

Bist du fähig, dein bester Freund zu sein?

Sei dein bester Freund, deine beste Freundin!

Es fällt leicht, unser bester Freund zu sein, wenn wir uns grossartig fühlen, uns nach einem erfolgreichen Tag zum eigenen Erfolg gratulieren. Aber ist es nicht noch wichtiger, unser bester Freund zu sein, wenn etwas schief gelaufen ist oder wir mit Kritik umgehen müssen?

Sei gut zu dir, wertschätze dich selbst.

Finde heraus, was du auf Grund allfälliger Kritik anderer ändern musst oder willst. Aber danach legst du dir in deiner Vorstellung den Arm um die Schultern, so wie du es von einem guten Freund erwarten würdest, weil du weisst:

«Es ist okay, Fehler zu machen. Wir müssen nicht perfekt sein. Ich werde mir deswegen nicht selbst in den Rücken fallen.»

Wir gehen mit uns einen Weg. Wenn wir uns dabei selbst verraten und fertig machen, haben wir niemanden mehr. Sobald wir aufhören, uns selbst zu kritisieren, wird sich der Bauch entspannen, werden unsere inneren Organe besser arbeiten.

Hörst du schon das glückliche Gurgeln deiner Därme?

Bring dein Wasserelement wieder zurück in deinen Bauch. Auf diese Weise werden wir ganz und sind nicht länger eine Hälfte einer Beziehung.

Und wie gesagt: Begegnen ist besser als vermischen.

Drittes Chakra – Solar Plexus

Das dritte Chakra liegt zwischen dem Nabel und dem Brustbein. Es ist das letzte der instinkthaften Triade.

Element: Feuer, männliche Qualität.

Nachdem das Baby lange genug in den Armen der Mutter geschlafen hat (Wasserelement) wird das Feuerelement erwachen: Das Kleinkind stösst sich von der Mutter weg und verschafft sich Raum, um mehr zu sehen.

Das Feuerelement beeinflusst die Augen:

Wer viel Feuer hat, wird öfter lodernde Wut verspüren. Der Vorteil von viel Feuer: Die Augen sehen gut in die Ferne.

Ist nur wenig Feuer vorhanden, besteht mehr Neigung zu Trauer und Melancholie. Bei wenig Feuer sehen die Augen besser in die Nähe.

Die Solar Plexus-Themen haben grosse Bedeutung auf unserem Weg. Aber die dazugehörenden Qualitäten sind unbequem und werden häufig abgewertet oder kritisiert. Es ist auch nicht unbedingt ein Vergnügen mit Menschen konfrontiert zu sein, die im Begriffe sind die Energien des Feuerelementes auszuloten:

Wie bereits geschildert, kann es recht holpern, wenn eine eigenständige Persönlichkeit geboren wird. Die Pubertierenden oder auch die etwas älteren Rebellen zeigen uns, wie sich das anfühlt.

Kinder brauchen das Feuer. Es gibt ihnen den Mut, NEIN zu sagen wenn die Mutter JA sagt. Die Feuerenergie ermöglicht ihnen die Distanz zur Mutter auszuhalten. In der Pubertät und Adoleszenz, wenn die vielen Hormone und Botenstoffe eine neue Entwicklungsphase einläuten, wird es meist laut und heftig. Aber die neu zu entdeckende Kraft gibt den Jugendlichen auch die Möglichkeit, ihr Leben ganz und umfassend in Besitz zu nehmen und klarzustellen:

> «*Das ist mein Leben. Ich entscheide selbst, was ich tun will*» und dabei denken zu lernen: «*und es ist mir egal, wie ihr darüber denkt.*»

Traurig, wenn das nicht geschieht! Die Fähigkeit sich durchzusetzen, wird ihnen ein Leben lang fehlen.

Dazu möchte ich Terence McKenna zitieren, der sagte: «*Kultur ist nicht dein Freund. Kultur ist gut für die Behaglichkeit anderer Leute und für die Bequemlichkeit von Institutionen, Kirchen, Arbeitgebern, Steuerbehörden etc. Sie schwächt dich und nutzt dich aus ... Kultur fördert den Wahnsinn des Konsums, predigt falsche Fröhlichkeit, vertritt Religionen mit kulthaftem Verhalten, lädt die Menschen ein, sich klein zu machen, sich gar zu entmenschlichen, indem sie wie Maschinen funktionieren.*»

Mit anderen Worten: Wenn du etwas hervorbringen willst, brauchst du die Kraft des Solar Plexus, um NEIN zu sagen zu den ganzen normierenden sozialen Regeln und Vorstellungen, die uns verdummen und uns unsere Zeit füllen oder gar stehlen.

Wenn wir als Erwachsene das 5. und 6. Chakra benützen und durch Analyse und Schlussfolgerung zur Entscheidung gelangen, ist es immer noch das Feuer des Solars, das uns die Kraft gibt, auch an unbequemen Entscheidungen festzuhalten und konsequent zu sein.

Das Feuerelement befähigt uns dazu, die Herde zu verlassen.

Das dritte Chakra und seine verschiedenen Zustände

- Das Chakra wird nicht benützt:

  Die Person ist nicht fähig, ihren Standpunkt zu vertreten und ist schwach in Konflikten.

- Chakra Das hat nicht genug Energie:

  Oft sind diese Personen viel zu lange ruhig. Dann plötzlich explodieren sie, schreien Dinge, die meist nicht in Zusammenhang stehen mit der aktuellen Situation, um sich anschliessend mit Schuldgefühlen herumzuquälen und sich endlos abzuwerten.

- Das Chakra hat viel zu viel Energie:

  Das cholerische Temperament reagiert zu laut, zu heftig, zu hart und ist sehr selbst-zentriert. Bei manchen Cholerikern weiss man, womit man zu rechnen hat. Andere haben einen Solar Plexus wie ein Minenfeld: Die Explosionen sind nicht vorauszusehen. Falls Alkohol ins Spiel kommt, wird alles noch schlimmer.

Wenn Wut ohne Kontrolle ausgelebt wird, können wir davon ausgehen, dass einige zornige Wesen in diesem Chakra Einsitz genommen haben. Sie freuen sich über jede Gelegenheit, ihren eigenen Emotionen freien Lauf zu lassen.

Fremdbesetzungen sind mit Sicherheit im Spiel, wenn jemand sagt: «*Ich weiss nicht, was über mich gekommen ist. Ich erinnere mich nicht mehr, was ich gesagt und getan habe.*»

- Erleuchtung des dritten Chakras:

Wer das Chakra durchgearbeitet hat, bestimmt selbst über das Feuer und wird nicht länger durch das Feuer bestimmt. Erst jetzt haben wir die Kraft, eigene Entscheidungen zu treffen. Jetzt könnte es gelingen, einen eigenständigen Weg zu starten, der nicht lediglich weiterführt, was die Familie, die Religion oder die Kultur vorbestimmt.

Bei erleuchtetem Solar Plexus ist die Feuerenergie sanft und stark zugleich. Der Solar ist dann der Diener des Herzens und des Dritten Auges.

Wir könnten uns einen selbstbewussten Kampfkünstler mit schwarzem Gurt vorstellen. Er ist entspannt und liebevoll, denn er weiss, dass er immer schnell genug ist, um bei Schwierigkeiten einzugreifen. Er nutzt seine Fähigkeiten zur Verteidigung oder zum Schlichten und nicht um anzugreifen.

Das hatte Luke Skywalker in Star Wars zu lernen:

«*Lass es niemals zu, dass Zorn dich im Kampf beherrscht.*»

Umgang mit dem Feuerelement

Nein, es ist keineswegs einfach, das Feuer unter Kontrolle zu bringen. Insbesondere die männlichen Hormone sind nicht für stundenlange Computerarbeit gedacht und drängen in die Aggression, den Kampf und den Wettbewerb. Aber Bären sind rar geworden und wir bauen unsere Schiffe und Blockhäuser nicht mehr selbst. So kann lediglich sportliche Betätigung den energetischen Ausgleich schaffen.

Auch mit Ernährung können wir auf das Feuerelement Einfluss nehmen:

Zu viel Feuer kann mit frischem kalten Wasser (zum Trinken oder als Element zum Schwimmen) und kühlenden Nahrungsmitteln wie Gurken, Melonen, Zitronen, Orangen, viel Rohkost, auch Pfefferminze oder Salbei beruhigt werden.

Um schwaches Feuer zu stärken sind wärmende Gewürze wie Zimt, Pfeffer, Ingwer, Nelken, Sternanis etc. hilfreich. Auch Kohlehydrate wärmen und selbstverständlich tut es auch das Koffein, wenn der Körper es erlaubt. Ayurveda und Chinesische Medizin geben genaue Beschreibungen.

Wut – ein kostbares Gut

Wut ist Lebenskraft pur. Sie kommt nur etwas roh daher und ist deshalb nicht sehr beliebt. Aber sie trägt Wahrheit in sich. Es kommt darauf an, wie wir den Impuls transformieren.

Die reinste und damit die berechtigte Wut ist jene, die ganz einfach sagt: «*Da stimmt etwas nicht. Das passt mir nicht. Das muss anders werden.*» Ein Handlungsimpuls, der uns die Kraft gibt, Schritte zu tun. Wenn jetzt der Solar Plexus einfach losprescht, ungefiltert dem ersten Impuls folgt, kann es schon gefährlich werden.

Wer sich aber Zeit nimmt und den Kopf einschaltet, um sich ein paar Fragen zu stellen, wer auch das Herz dazu nimmt, um die Konsequenzen für das Umfeld zu reflektieren, und wer dann sogar noch die Möglichkeiten des Halszentrums ausschöpft und kreativ wird, kommuniziert und vielleicht noch andere mit einbezieht, lässt einen fulminanten Start zu einer wunderbaren Entwicklung werden.

Es ist von grosser Bedeutung zu beobachten, was unsere Wut in Wallung bringt. Schön, wenn es nicht nur verletzte Eitelkeit wäre. Aber vielleicht sind es ja Raum- und Grenzverletzungen, Lügen im weitesten Sinn, faule Kompromisse oder Missbrauch – lauter Dinge, die nicht wahrhaftig sind. Da ist Wut doch angebracht!

Häufig wird Wut geäussert, weil die Welt nicht so ist, «wie sie sein sollte.» Und weil dies ganz viele Menschen so empfinden und ganz viele die Welt nach ihrem Gusto verändern wollen, werden die irdischen Angelegenheiten immer dichter, zäher, dumpfer, aggressiver. Ein Flickwerk aus Absichten und Gegenabsichten.

> *Mir persönlich hat es geholfen, meine Wut loszulassen, als ich begann, die Welt als das Produkt aller Menschen zu sehen. Wo sich so viele einmischen, muss ein grosses Durcheinander entstehen.*
> *Mein Stoss-Seufzer dazu:*
> *«Würden doch nur ebenso viele Menschen ihre Kraft dazu verwenden, Dinge aufzulösen, aufzuräumen, anstatt mehr und mehr hinzuzufügen ...»*
> *Aber so ist es nun einmal: Menschen wollen erschaffen, kreieren, manifestieren – nicht das Gegenteil.*

Nirgends wird mehr projiziert als auf der Ebene des Solar Plexus. Wer selbst nach Macht strebt, wirft anderen rasch Machtgehabe und Unterdrückung vor, Unorganisierte bezeichnen andere als Chaoten, Lügner bezichtigen andere der Lüge, wer gerne mauschelt, für den sind andere schnell «unprofessionell». Wer da zu seinem Recht kommen will, wird in den Kampf verwickelt, begibt sich auf gleiche Ebene, und schon heisst es: *«Siehst du, immer du beginnst den Streit.»*

Aus dieser Situation kann man sich nur so schnell wie möglich entfernen! Der Solar Plexus-Kämpfer wird immer weiter kämpfen und sich niemals belehren lassen. Er wird stets versuchen, sein Gegenüber auf seine Ebene zu ziehen.[5]

Es lohnt sich zu überprüfen, ob die Wut eine projizierte oder eine berechtigte ist.

Andererseits kommt es vor, dass objektive Kritiker zu Unrecht zurückgewiesen werden mit dem Hinweis auf den biblischen Balken im eigenen Auge, den man übersieht, um den Splitter im Auge des andern zu kritisieren. Wenn aber jede Kritik gleich gestoppt wird, findet keine Entwicklung mehr statt!

Wer sich mit dem eigenen Feuer ausgesöhnt hat und es nutzt, um seine Projekte am Laufen zu halten, aber nicht für Machtkämpfe, wird immer seltener in aggressive Begegnungen und Auseinandersetzungen verwickelt.

Tiere und kleine Kinder lieben diese Art von sanftem Feuer und werden zutraulich.

Es ist natürlich nicht die Parole der Kämpfer, Weltverbesserer, Krieger und Revolutionäre. Es ist vielmehr die Botschaft der Mystiker, die dir sagen: «*Die Erde ist nicht der Himmel und sie wird es auch nie sein.*»

Übungen für das dritte Chakra

Um Feuer auszuleiten, weil zu viel da ist, eignet sich Sport, Ausdruck wie Tanz, freies Theater, Spielen etc.

Wut auszuagieren (auf Kissen schlagen, schreien ...) kann in einzelnen Momenten wohltuend und befreiend sein. Meine eigene Arbeit mit Bio-Energetik war wichtig auf meinem Weg.

Aber dieses Ausagieren ist eine Phase. Danach braucht es Transformation, Verstehen, Lösungen, Veränderung, Kommunikation ...

Die Annahme, man könne jede Wut ausagieren, hat sich als falsch erwiesen. Die momentane Erschöpfung darf nicht falsch interpretiert werden, denn je öfter wir Wut nach aussen schreien, desto mehr

---

5 Diesen Kämpfern lässt sich in telepathischer Arbeit helfen – manchmal allerdings erst nach dem Tod.

wird nachkommen. Irgendwann sind wir wütende Menschen, und die Wut ist zum Habitus geworden.

Um ein zu schwaches Feuer zu stärken wird man über den Wert nachdenken müssen, den man sich selbst und diesem Leben gibt.

Im Moment ist dies unser einziges Leben, auch wenn vorher andere waren und vielleicht noch weitere folgen. Hier handeln wir, hier erfahren und lernen wir. Deshalb ist es bedeutungsvoll.

Was wir gelernt haben, nehmen wir mit auf unseren weiteren Weg. Nur das. Nicht unsere Projekte, sondern das, was wir während der Beschäftigung mit diesen gelernt haben. Wir sind nicht unser Job, nicht unsere Kinder, nicht unser Garten ... Aber wir nehmen die inneren Qualitäten mit, die wir während des Lebens entwickelt haben. – Wenn es nur Wut ist, nehmen wir lediglich Wut mit.

Mach' dich zum Titelhelden deiner Geschichte!

Lebe dein Leben. Es ist wertvoll und einzigartig. Lebe es so, wie es dich erfüllt, befriedigt, wie es dem Sinn entspricht, den du für dich siehst. Niemand anderes gibt deinem Leben einen Sinn. Das ist deine Aufgabe!

Für dich sollst du der Mittelpunkt des Universums sein (nicht dein Ego natürlich, sondern deine Essenz). Für alle deine Mitmenschen gilt das Gleiche. Nicht du bist ihr Mittelpunkt, sondern ihre Essenz ist es für sie. Wenn wir diesen Zusammenhang verstanden und verinnerlicht haben, handeln wir aus uns heraus, in Eigenverantwortung.

Bei dieser Art von Sinnfindung aus der Perspektive der Essenz, also des Höheren Selbst, geht es um die Frage:

«Aus welchem Grund fand es dieses Höhere Selbst, dieses spirituelle Wesen wichtig und richtig, hier auf der Erde zu inkarnieren?» Sicher hatte es nicht die Absicht auf Kosten anderer ein egozentriertes Schmarotzerleben zu führen. Vielmehr wollte es etwas Bedeutungsvolles zur Verbesserung der Qualität, der Bedingungen auf der Erde einbringen.

Der Solar Plexus steht für die Fähigkeit NEIN zu sagen, für sich einzustehen und zwischen dem, was wir wollen, und dem, was andere für uns wollen, zu unterscheiden. Er bildet die nötige Grundlage, auf der sich Herzliebe entfalten kann.

Erst wenn die Kraft NEIN zu sagen entwickelt ist, können wir ein umfassendes JA aus dem Herz heraus wagen. Mehr darüber im Kapitel über das 4. Chakra.

Heisse deine Kraft des Solar Plexus willkommen!

Sie gibt dir auch den Antrieb und den Mut, die erste Triade, also die drei instinkthaften Chakras, hinter dir zu lassen und in die obere Triade einzutreten.

Eine praktische Metapher

Die persönlichen Chakras können als innere Familie betrachtet werden.

Unser zweites Chakra hat die bildhafte Charakteristik eines kleinen Mädchens: es möchte sich anlehnen und geborgen sein. Es gerät leicht in Opfergefühle und beklagt sich, aber es kann lieblich und charmant, unbeschwert, spielerisch, singend und tanzend durchs Leben gehen ... Erwachsen wird es nicht. Muss es auch nicht. Dieser kindliche Aspekt trägt zu unserer Ganzheit bei.

Unser drittes Chakra hat dementsprechend die Charakteristik eines kleinen Jungen: er braust auf und kämpft, emotionale Kraftwörter sind nicht selten, aber er wird hoffentlich lernen, seine Kraft positiv anzuwenden, nämlich um sich abzugrenzen und für seine Projekte einzustehen.

Unser viertes Chakra hat die Charakteristik der archetypischen Mutter. Mitfühlend, nährend, tröstend, geduldig, gütig, vorsorgend ...

Manchmal bemuttert sie auch allzu sehr, drängt anderen ihre Liebe und Fürsorge auf – und fühlt sich ausgenützt, wenn keine Anerkennung erfolgt.

Unser fünftes Chakra hat die Charakteristik des archetypischen Vaters. Analytisch, logisch, zielgerichtet, kreativ, zielstrebig. Er weiss, wie Dinge funktionieren und greift sogleich tatkräftig zu.

Manchmal kann er allzu belehrend sein und andere herumkommandieren. Schliesslich will er, dass alles so läuft, wie er sich das ausdenkt.

In dieser Metapher könnten wir das instinkthafte erste Chakra als ein Haustier sehen – einen Hund vielleicht?

Als geistige Wesen leben wir in diesem Körper und sorgen für die gesamte innere Familie – Haustier inbegriffen.

Viertes Chakra – Herz

Das vierte Chakra, das Herz, befindet sich in der Mitte des Brustbeins.

Element: Luft, weibliche Qualität, die archetypische Mutter.

Hier beginnt ein vollkommen neues Kapitel. Dem Herzen kommt insofern eine Sonderstellung zu, als wir hier zum ersten Mal mit wirklicher Spiritualität in Kontakt kommen *könnten*. Der vollkommene Funke unserer Essenz ist hier angelegt, wenn auch meist vergessen und von vielen anderen Dingen überlagert.

Wir durchleben viele Phasen. Vielleicht verlieben wir uns zuerst in die Eltern, gehen in intensive Beziehungen zu Haustieren, erleben Freundschaften zu Mitschülern, später folgen erste Liebesbeziehungen.

Das Herz ist von Natur aus sensibel und zart und sehnt sich danach zu lieben und geliebt zu werden.

Wir wurden aber alle auch verwundet, haben Freunde verloren, wurden betrogen, belogen und verlassen. Das hat unglaublich weh getan. Noch schmerzhafter, bzw. erschütternder war es unter Umständen, als wir die Lügen des Staates oder der Religion entlarvten.

Auf der Herzebene wird viel von Liebe gesprochen. Ich verwende das Wort Liebe hier sehr zurückhaltend. *Anteilnahme und Mitgefühl* scheinen mir sicherere Werte.

Herzliebe ist manchmal wenig wahrhaftig, sondern schaut verklärt durch die altbekannte rosa Brille. Diese Liebe lässt keine Kanten zu und geht davon aus, dass alles gut wäre, wenn nur alle etwas netter miteinander umgingen.

> Finde selbst heraus, was gemeint ist, wenn jemand seine Liebe beschreibt:
>
> - Ist diese Liebe wie ein süsser Zuckersirup, der abgesondert wird, bis das Gegenüber klebrig überzogen erstarrt?
>
> - Oder ist die beschriebene Liebe eine Bewusstseinsqualität, welche dem Gegenüber viel Raum gibt, sich so zu entscheiden, wie es ihm richtig erscheint?

Oft sind es gerade die Enttäuschungen und Schmerzen im Bereich des Herzens, die uns für einen Heilsweg motivieren. Wir möchten dabei die eigenen Wunden heilen.

Dies sind die Schritte:

>Zuerst ist der Schmerz überwältigend. Wir fühlen uns als Opfer.
>
>Wenn es uns gelingt, mit dem Höheren Selbst in Verbindung zu treten, werden wir erfahren, dass wir stets geliebt sind ...
>
>Wir erlauben, dass sich unser Herz füllt mit der Liebe des Höheren Selbst und lernen uns voll und ganz anzunehmen.
>
>Wir erwarten nicht mehr, dass andere da sind, um uns zu heilen. Sie sind ohnehin ganz mit sich selbst beschäftigt. Und dürfen das auch sein.
>
>Endlich lernen wir, dass es unser Mitgefühl ist, das uns gleichzeitig weich und stark macht.
>
>Das ist die bereinigte Qualität der archetypischen Mutter.

Schmerz wird es immer wieder geben. In dieser oder einer anderen Situation oder Form. Aber daraus kann Wachstum resultieren. So wird der Diamant poliert. Wir werden herausfinden, dass es unsere «Feinde und Widersacher» sind, die sicherstellen, dass auch die kleinste Unreinheit geklärt wird, vorausgesetzt, wir nehmen die Herausforderung an.

Im Herzen kann die wichtigste Transformation und Neuausrichtung stattfinden.

Das Herz und seine verschiedenen Zustände

- Das Chakra wird nicht benützt:

  In meiner Generation (ich bin 1950 geboren) trifft dies auf etwa 80% der Männer und etwa 10% der Frauen zu. Offenbar war der Schmerz, den die Männer in früheren Existenzformen erlebt haben, so überwältigend, dass sie es vorzogen, ihr Herz mit einer dicken Mauer zu schützen.

Von den jüngeren Männern, so nehme ich es wahr, haben etwa 40% Kontakt zu ihren Herzgefühlen. Dagegen haben etwa 50% der Frauen gelernt, ihr Herz zu verschliessen, um in der männlich dominierten Geschäftswelt zurechtzukommen. Die meisten von ihnen sind aber fähig, im Privatleben ihr Herz zu öffnen.

Als ich jung war, fragte ich mich jeweils: «Ist meine Liebe gross genug?» Erst später habe ich gelernt zu fragen: «Wie viel Liebe kann die andere Person aushalten und annehmen?»

Wir müssen verstehen: Wenn Menschen mit gepanzerten Herzen geliebt werden, beginnt ihre schützende Mauer zu bröckeln. Das löst grosse Angst aus!

Um dem hinter der Mauer verborgenen Schmerz zu entfliehen, würden diese Menschen es sogar vorziehen zu sterben oder zu töten ...

- Das Chakra hat nicht genug Energie:

    Das Zentrum ist zwar bewohnt, aber verletzt und bedürftig. Es besteht eine grosse Sehnsucht danach, geliebt zu werden und lieben zu können.

    Immer wieder gehen diese Menschen auf andere zu, aber da ihre Erwartungen und Hoffnungen so riesig und unerfüllbar sind, schlagen sie ihre Auserwählten damit schnell in die Flucht. So folgt eine Enttäuschung der anderen.

- Das Chakra hat viel zu viel Energie:

    Übermässig fliessende Herzenergie finden wir bei Menschen mit romantisch verklärter Optik. Auf kindlich-naive Weise würden sie gern die Welt retten: Wenn doch nur alle lieb wären miteinander, wenn niemand Schmerzen hätte, dann wäre alles gut. Die süsse Fassade ist nicht wirklich glaubwürdig und nur schwer auszuhalten. In solchem «Gutmenschentum» steckt viel Manipulation. Eine Maske, die vor allen möglichen Anforderungen und Herausforderungen schützen soll.

- Das Herz-Chakra ist in Überkompensation:

    Diese Überkompensation basiert auf Selbstabwertung. Sie hängt häufig mit diffusen Schuldgefühlen zusammen. So wird beispielsweise angenommen, in einer früheren Inkarnation, z.B. im 2. Weltkrieg, Schlimmes getan zu haben. Die schwelende Wunde belastet das Herz und die Scham über das eigene «Schlecht-Sein» hindert daran, sich jemandem anzuvertrauen.

    Als Folge versuchen diese Menschen durch Liebesdienste ihr Gefühl für sich selbst zu verbessern. Geschenke, oft zu viele oder zu grosse, sollen die Bestätigungen bringen, die sie sich selbst nicht geben können. Ihr Lächeln erscheint warm und süss, die Leere dahinter wird bald offenbar.

    Diesen Menschen ist mit geistiger Arbeit leicht zu helfen. Entweder wird dabei entdeckt, dass die Befürchtungen nicht stimmen, und es kann endlich entspannt werden. – Andernfalls, wenn sich die Befürchtungen als berechtigt herausstellen, lösen wir durch Versöhnungsarbeit das Karma auf. Was so lange belastet und das Leben überschattet hat, kann aufgelöst und befreit werden.

    Da die Welt nicht fähig ist, diese leeren Herzen zu füllen, projizieren manche ihre Sehnsucht auf «Gott», der sie irgendwann für die geleistete Aufopferung, die Liebesdienste belohnen soll.
    Leider wird auch diese Belohnung ausbleiben ...

    Es ist traurig, diese Sehnsucht mitzuerleben ... doch erst wenn wir lernen uns anzunehmen und unser Herz selbst mit Liebe zu füllen, wird Heilung vollzogen.

- Das Herz ist die Ebene von Geben und Nehmen. Wir müssen lernen, dass wir niemandem einen Gefallen tun, wenn wir zu viel geben. Umgekehrt tun wir uns selbst keinen Gefallen, wenn wir zu viel nehmen.

    Unsere Lebensumstände sind verschieden, somit kann «zu viel» ganz Unterschiedliches bedeuten. (Das Höhere Selbst weiss, wann es stimmig ist.)

Geben und Nehmen sollten hier auf Erden ausgeglichen sein. Alles hat seinen Preis, der sich nicht mit Geld bemessen lassen muss. Und doch ist Geld in vielen Fällen die einfachste Form, den Ausgleich zu schaffen.

Wir gehen einen langen Weg mit unserem Herzen. Zumindest war es bei mir so. Es braucht viel Mut, um die tiefen Schmerzen hervorzukramen, anzuschauen, die entsprechenden Tränen zu weinen, um Vergebung zu bitten und zu verzeihen. Wir werden zu manchen Einsichten gelangen. Unser Herz wird sich öffnen, so dass wir künftig uns und anderen «warm» begegnen können.
Allerdings wird das warme Herz auch zunehmend mit dem Schmerz und der Agonie jener in Kontakt kommen, die leiden oder gelitten haben. Das gesamte Leiden der Tiere, Pflanzen, ja sogar der Materie wird uns berühren.
So werden wir weiter suchen … bis wir uns über die persönliche Liebe erheben können und die spirituelle Liebe finden.

- Erleuchtung des Herzens:

    Sie ist nicht erreicht, wenn wir einfach glücklich sind und lieben. Auch wer nur das Gute haben will und das Böse weit von sich weist, ist in der Polarität gefangen und weit von Erleuchtung entfernt.
    Ein erleuchtetes Herz ist in einer Art geläutert, dass es nicht mehr verletzt werden kann, obwohl es mitfühlend ist.
    Um dies zu erlangen, hat man sich mit den Abgründen des menschlichen Seins befasst und das Entstehen von Schmerz und Elend nachvollzogen.

    Wer verletzt wurde, wird den eigenen Schmerz weitergeben, weil nichts anderes zum Weitergeben da ist. Wer mit Vehemenz unterdrückt, manipuliert und gedemütigt wurde, wird auch dies mit Vehemenz weitergeben. Und da Verletzungen stärker erinnert werden als gütige, liebevolle Dinge, vermehrt sich das «Böse» mehr als das «Gute». Das lässt sich nur mit innerer Heilsarbeit auflösen.

Diese Zusammenhänge gilt es mit umfassendem Mitgefühl zu durchdringen.

Ein erleuchtetes Herz könnte mit einem Baum verglichen werden, der tief und stabil im Erdreich verwurzelt ist. Ein Baum, der Schatten, Nektar, Früchte und Sauerstoff spendet und mit dem abgefallenen Laub die Erde wiederum nährt.

Aber auch dieser Baum hat seine Existenz als kleiner Same begonnen, wurde zum zarten Keimling, der erst Wind und Wetter überstehen musste. Schliesslich wurde ein junger Baum daraus, der in Mitten anderer Bäume geschützt war vor Sturmwinden. Jetzt steht er allein, gibt selbst Nahrung und Schutz.

Das erleuchtete Herz macht sich nicht zum Opfer von Opfern. Es wird aber stets bereit sein, die Hand auszustrecken, wenn jemand Beistand braucht.

Emotionen des Herzens: oft eine Achterbahn

Okay, bis jetzt wissen wir Folgendes: In einem unverletzten oder einem geheilten Herzen wohnen zwischen-menschliche Liebe und Mitgefühl.

Das Herz ist aber auch der Ort der grössten Sehnsüchte: Wir möchten lieben und geliebt werden. Wenn wir endlich haben, was wir ersehnt haben, entstehen übergrosse Anhaftungen, denn wir halten inbrünstig fest. So beschützen Mütter ihre Kinder, die längst in die Autonomie entlassen werden müssten. Oder Beziehungen, die längst ausgedient haben, werden nicht beendet. Manch seltsame Beziehung zu einem Haustier gehört hier ebenfalls erwähnt.

Aus dem Besitzanspruch entsteht Eifersucht; jenes grosse Emotionsgemisch aus Wut, Verzweiflung, Verlustangst und den Gefühlen von Verrat, Abwertung und Missbrauch …

Die grosse Achterbahn der Gefühle nimmt häufig auf der Herzebene ihren Anfang und zieht uns ins 3., 2. und 1. Chakra hinunter. Die entsprechende Heilsarbeit ist daher sehr anspruchsvoll und kann mehr als ein Menschenleben in Anspruch nehmen.

Ich habe vor einiger Zeit gehört, dass wir von den geistigen Wesen um unsere Emotionen beneidet würden. – Meiner Meinung nach gibt es keinen Grund für einen solchen Neid. Emotionen sind eigentlich eher Fluch als Segen! Allerdings sage ich das erst heute nach über 60 Jahren vielfältiger Erfahrung mit dem gesamten emotionalen Spektrum.

Unser Herz werden wir über längere Zeit und immer aufs Neue heilen, reinigen und mit Liebe beschenken müssen, um es stabil und strahlend zu halten. Es gilt zu verzeihen, dass die Dinge so sind wie sie sind. Diese umfassende Heilung ist nicht in einem Wochenendseminar zu erreichen.

Und nein, dies ist nicht sonderlich aufregend. Wir machen einen Schritt nach dem anderen. Keine magischen Tricks weit und breit.

Es geht nicht um Technik, es geht um Liebe. Und diese «funktioniert» nur, wenn sie ehrlich und wahr ist.

Die Erleuchtung des Herzens verlangt uns viel ab. Gerne würde ich sagen, dass sie leicht zu erlangen ist. Aber es wäre eine Lüge.

Fünftes Chakra – Hals

Das fünfte Chakra befindet sich am unteren Ende des Halses.

Element: Akasha, männliche Qualität.

Akasha wird auch Äther genannt und ist gleichzusetzen mit Bewusstsein. Alle vier Elemente, Erde, Wasser, Feuer, Luft kommen in Akasha zusammen und bilden ein Ganzes. Die «Fragmente», also die einzelnen Elemente, beinhalten Emotionen – trotzdem ist Akasha nicht emotional.

Hier befindet sich der archetypische Vater: rational, kreativ, nach aussen gerichtet und lösungsorientiert.

Sobald wir das 5. Chakra als «Fenster» benützen, sehen wir die Dinge sehr klar und haben ganz viele tolle Fähigkeiten zur Verfügung:

- Wir sind rational, fähig zu analysieren und Schlussfolgerungen zu ziehen.
- Das fünfte Chakra kann messerscharf sein. Aus diesem Grunde befähigt es uns, schnell und klar zu entscheiden.
- Akasha gibt uns die Kreativität, um ungewöhnliche, überraschende und grossartige Visionen zu planen und zu verwirklichen. Für schwierige Herausforderungen können wir unübliche Lösungen finden. Unter Druck entstehen oft Meisterleistungen.
- Ein unverletztes 5. Chakra ist häufig im Zustand von verspielter Leichtigkeit und Freude.
- Wir erschaffen unseren persönlichen Ausdruck, unsere eigene Sprache, unsere unverwechselbare Signatur in dieser Welt.
- Wir finden Wege, verbal und nonverbal zu kommunizieren.

Das bedeutet, dass wir durch das 5. Chakra wirklich tolle Leistungen erbringen können in ganz verschiedenen Bereichen. Und gerade darin liegt auch die grösste Gefahr. Irgendwann fühlen wir uns total grossartig und absolut unersetzlich. Ein riesiges Ego wächst heran und sucht nach einer Gefolgschaft. Es möchte im Rampenlicht stehen, sich an Bewunderung laben und Auszeichnungen in Empfang nehmen, während ...

... die Spiritualität langsam hinter dem Horizont entschwindet.

Das Hals-Chakra und seine verschiedenen Zustände

- Das Chakra wird nicht benutzt:

    Wenn es nicht bewohnt wird, heisst das meist, dass ein tieferes Zentrum die Führung übernimmt. Es sind häufig Frauen, die zögern, dieses männliche, analytische, klare Zentrum zu benützen. Sie lassen das Herz regieren und entscheiden nach Gefühl – wenn überhaupt. Die Fähigkeit, Prioritäten zu setzen, sachlich zu argumentieren oder zu organisieren fehlt dann weitgehend.

    Solche Menschen sind leicht über ihre Gefühle zu beeinflussen.

- Das Chakra hat wenig Energie:

    In diesem Fall ist das Vertrauen in die oben genannten Fähigkeiten gering. Man misstraut seiner Wahrnehmung und wagt nicht zu unterscheiden, oftmals im falschen Glauben, dass unterscheiden gleichzusetzen sei mit verurteilen. Man nimmt sich zurück, zögert, sichert sich erst ab, bevor man die Meinung äussert. «*Besser still sein, als was Falsches zu sagen!*»

    Solltest du so reagieren, suche dir jemanden, der fähig ist, dir ehrliches Feedback zu geben und dich zu ermutigen. Es kann bedeutungsvoll sein, zu erfahren, wie uns andere sehen.

- Das Chakra hat sehr viel Energie:

    Bei hoher Intelligenz sind diese Personen sehr schnell und klar im Denken. Sie machen Nägel mit Köpfen und sind deshalb gern gesehene Mitarbeiter, besonders wenn auch das Herz gut entwickelt ist.

    Sie wissen, wie Dinge zu sein haben und wie Probleme gelöst werden – ihrer Meinung nach. Oft gibt es für sie nur EINEN richtigen Weg.

Ihre Kritik kommt schnell und direkt. Das kann ein wichtiger Wert sein in einer Welt, wo «political correctness» die Grenzen zwischen Wahrheit und Lüge verwischt.

- Das Chakra hat viel Energie, bei eher tiefer Intelligenz:

    Das überaktive 5. Chakra wird in diesem Fall unentwegt und wenig reflektiert quasseln.

    Manchmal dauerreden allerdings auch intelligente Menschen und verdienen gutes Geld damit ...

- Das Chakra hat viel zu viel Energie und handelt isoliert, ohne dass das Herz angeschlossen ist:

    Die Wahrnehmung dieser Menschen ist sehr präzise. Sie bewerten haarscharf, belehren ohne gefragt zu sein und neigen zu Rechthaberei. Häufig sind sie zu schnell, zu hart, zu direkt. Eitelkeit ist eine ständige Gefahr.

- Wenn das 5. Chakra durchgearbeitet ist, stehen alle genannten Fähigkeiten zur Verfügung:

    Wahrnehmung, Analysefähigkeit, kluge Schlussfolgerungen, kreativer gestalterischer Ausdruck, präzise Sprache sowie Verspieltheit und Humor. Solche Personen sind visionär und oft das Zugpferd bei neuen Projekten.

    Wenn sich dann auch noch die Eitelkeit relativiert hat, sind sie durchaus fähig, auch anderen die Bühne zu überlassen oder sogar Lösungen stehen zu lassen, die nicht ganz den eigenen Prinzipien entsprechen.

- Erleuchtung des Halszentrums:

    Das erleuchtete Halszentrum stellt sich in den Dienst des Dritten Auges. Da es ohne Eitelkeit wirkt, ist es eher unauffällig. Mit seiner Kreativität und der Fähigkeit zur präzisen Wahrnehmung und Kommunikation gibt es immer wieder wichtige Impulse zu Gesprächen und Verhandlungen. Manchmal wendet es mit wenigen Worten eine Eskalation ab, bringt einen gestockten Dialog wieder in Bewegung und erhöht die Qualität eines Geschehens.

Wenig Effort – viel Effekt. Man trägt etwas bei, weil etwas fehlt und nicht um zu beweisen, wie ausserordentlich gescheit man ist.

Fragen an das fünfte Chakra

Bei häufigem Auftreten von Halsschmerzen ist es empfehlenswert, folgenden Fragen auf den Grund zu gehen:

- *Gibt es etwas, das ich nicht klar genug analysiere?*
- *Fürchte ich mich vor der klaren Analyse, weil ich befürchte, mein Leben ändern zu müssen?*
- *Habe ich es bereits wahrgenommen und verstanden, zögere aber noch, die Entscheide zu fällen?*
- *Fürchte ich mich vor allfälligen Konsequenzen?*
- *Wäre es nötig, einen Inhalt zu kommunizieren, aber der Mut hat bisher gefehlt?*
- *Ziehe ich es vor zu schweigen, um des lieben Friedens willen? Lasse ich mich von der Angst, andere zu verletzen, bremsen?*
- *Ist die Kreativität blockiert?*
- *Mangelt es an einer positiven Vision für die Zukunft?*
- *Wäre es sinnvoll, sich mit jemandem auszutauschen?*
- *Wäre eine Therapie oder ein Coaching fällig?*

Herz- und Hals-Chakra als Team

Die beiden Chakras arbeiten gut im Team, wenn sie zusammengeschlossen sind!

Das Halszentrum allein kann in seiner Klarheit und Geschwindigkeit auch kalt und gefühllos wirken. Da kommt das Herz mit seiner mitfühlenden Wärme genau richtig.

Auf sich allein gestellt, kann das Herzzentrum vernebelt und naiv sein. Klare Entscheide sind ihm zuwider, man könnte ja jemanden verletzen ... Da liefert das Halszentrum die richtige Ergänzung.

Solar Plexus und Hals-Chakra im Vergleich

Zwischen dem Solar Plexus und dem Hals-Chakra besteht eine grosse Ähnlichkeit.

Beide Zentren sind männlich, beide sagen zuerst ICH, bevor sie sich für andere interessieren.

Wer die Welt durch das 3. Chakra erlebt, wirkt oft trotzig, unreif, pubertär, kämpferisch, ist leicht in Wut zu bringen und wird deshalb nicht wirklich ernst genommen. Die Sprache ist hier nicht sehr differenziert. Kraftwörter kommen leichter von den Lippen als ganze Sätze. Es ist auch mit Sprüchen zu rechnen, die unter die Gürtellinie zielen. Trotzdem schaffen es Dritt-Chakra-Menschen manchmal in die Chefetage, was öfters zu grösseren Konflikten führt, besonders wenn die untergebenen Mitarbeitenden das 4., 5. und 6. Chakra zur Verfügung haben.

Auch wer durch das 5. Chakra lebt, sagt zuerst ICH, tritt sehr bestimmt auf und weiss, was er oder sie will. Diese Person ist zwar scharf und klar, aber nicht emotional. Wenn die Wogen hoch gehen, wird sie eher zischen als brüllen, wird eher blass werden als rot. Als Führungsperson sind Fünft-Chakra-Menschen gern gesehen.

Die männlichen Zentren sind sich ähnlich

Das 1., 3. und 5. Chakra ist männlich.

Wer, ob Frau oder Mann, durch eines dieser drei Fenster in die Welt schaut, wird primär für sich selber einstehen. Das Ich steht im Zentrum aller Überlegungen. Manchmal wird das Ich erweitert, so dass noch die Familie oder die Firma drin Platz haben.

Im besten Fall ergibt dies vertrauenswürdige Führungspersönlichkeiten, die effiziente Entscheide treffen und zielgerichtet handeln können. Für eine Überlebensübung gar nicht schlecht!

Im schlechtesten Fall sind diese Menschen kaum auszuhaltende Narzissten, die skrupellos auf ihre Vorteile pochen.

Dazwischen gibt es jede Schattierung.

Überwiegt das 1. Chakra, geht es meist um Geld und Rendite.

Überwiegt das 3. Chakra, geht es um Status und Vormachtstellung.

Überwiegt das 5. Chakra, will man für gescheit, intellektuell und überlegen gehalten werden.

Echtes Mitgefühl und Anteilnahme sind von diesen Menschen nicht zu erwarten, aber es kann sein, dass sie Techniken erlernt haben, um mit allen möglichen Situationen sachlich und zielgerichtet umgehen zu können.

Diese Menschen sind deshalb gute Nothelfer. In einem Notfall sind Tempo, Vielseitigkeit, Spontaneität und Taktik gefragt. Fünft-Chakra-Menschen sind belastbar und bewahren auch bei einer Katastrophe einen kühlen Kopf. Sie haben die richtigen Worte bereit, weil sie gelernt haben, worauf es ankommt.

Würden sie in einem Notfall auch das Herz öffnen, wäre die Situation so belastend, dass ihre Effizienz als Feuerwehrmann oder Notfallärztin leiden würde.

Manche versuchen nach Dienstschluss mit ihren Gefühlen klarzukommen, andere sind kaum mit ihrem Herzen in Kontakt und leisten trotzdem sehr wertvolle Arbeit.

Die weiblichen Chakras sind sich ähnlich

Das 2. und 4. Chakra ist weiblich.

Wer, ob Frau oder Mann, hauptsächlich durch diese Fenster in die Welt schaut, wahrnimmt und agiert, lässt sich von Gefühlen leiten. Wie fühle ich mich? Wie ist es für die anderen? Wie kann die Harmonie wieder hergestellt werden?

Diese Menschen kommen leicht unter die Räder. Bei heftigen Konflikten oder schmerzhaften Situationen werden sie von ihren Gefühlen überwältigt und sind dann oft nicht mehr handlungsfähig.

Wer allein über die Gefühle agiert, kann kaum sachlich Entscheide treffen, weil keine zuverlässigen Kriterien zur Verfügung stehen.

Im besten Fall verfügen diese Menschen über ein gut ausgebildetes Bauch- oder Herzgefühl, auf das sie sich stützen.

Im schlechtesten Fall delegieren sie alle Entscheidungen an andere und bleiben kindlich. Sie brauchen ständig jemanden zum Anlehnen. Sie sind sehr lieb, aber nicht wirklich lebenstauglich. Meist befinden sie sich in emotionalen Dramen oder gar im Desaster.

Zudem brauchen Menschen, die über das 2. oder 4. Chakra agieren, laufend Bestätigung von aussen für ihr Tun und Sein. So bleiben sie abhängig von anderen.

Das sechste Chakra – unser Drittes Auge

Das Dritte Auge unterscheidet sich sehr von den anderen Chakras.

Element: Akasha, Äther. Akasha bedeutet Bewusstsein.

Man könnte die Qualität des sechsten Chakras mit purem Licht vergleichen, die anderen Chakras repräsentieren die Farben des Regenbogens.

Das Dritte Auge ist weder männlich noch weiblich.

Es ist nicht emotional.

Zu Beginn der Erleuchtungsarbeit wird man im Inneren ZUM Dritten Auge schauen. Irgendwann ändert sich das: Wir schauen VON dort.

Das Dritte Auge wirkt wie eine Pforte, durch die wir zu den geistigen Sphären gelangen, sowohl zu den astralen als auch zu den spirituellen. Oder wir betrachten vom Dritten Auge aus die irdischen Lebensumstände und Angelegenheiten und tun dies mit der Sachlichkeit, Neutralität und Weisheit, die zum Dritten Auge gehört.

Das Dritte Auge liegt etwa auf der Höhe der oberen Ohrenränder in der Mitte des Kopfes – und nicht vorne auf der Stirn, wie viele annehmen! Wenn wir die Konzentration hier halten, aktivieren wir gleich beide Drüsen, die Hypophyse und die Epiphyse. Sie liegen nahe beieinander in der Mitte des Kopfes.

Wer neu begonnen hat, seinen Hauptfokus zum Dritten Auge zu verlegen, wird feststellen, dass sich die genaue Position verschieben kann. Suche immer jene Stelle, die sich am bequemsten anfühlt.

Der geistige Blickwinkel kann auch ausserhalb des Körpers positioniert sein. Eine Selbstverständlichkeit für jene, die oft ausserhalb des Körpers sind.[6] Die Technik ist durchaus erlernbar und hilfreich,

---

6 Traumatisierte Opfer (Missbrauch, Körperstrafen, Folter ...) haben bei Gefahr den Körper verlassen. Da grosse Ängste im Spiel waren, gelingt es vielen nicht, ohne therapeutische Hilfe wieder ganz in den Körper zu kommen. Die Ängste müssen angesehen und ausgeheilt werden. – Ist dies geschehen, können diese Menschen je nach Situation selbst bestimmen, ob sie im Körper sein oder geistige Reisen machen wollen.

um einen guten Überblick zu haben und sich als nicht-materielles Wesen zu erfahren.

Bei vielen Menschen hat sich das Dritte Auge in früher Kindheit verschlossen, bei anderen geschah das bereits in früheren Inkarnationen. Dadurch haben diese Menschen vergessen, woher sie kamen und wer sie eigentlich sind. Menschen mit offenem Drittem Auge sind auf dieser Erde sehr in der Minderheit. Über 80% der Menschen sind geistig un-erwacht und erfahren, erleben, erleiden und agieren über die persönlichen Chakras unterhalb des Dritten Auges.

Ich begegne aber auch vielen Wesen, die zum ersten Mal hier auf Erden inkarnieren. Sie existierten schon längst, haben sich aber auf anderen Planeten aufgehalten, entweder in unserer Milchstrasse oder auch in anderen Galaxien – oder sie befanden sich in spirituellen Ebenen ohne materielle Koordinaten.

Manchmal werden sie als *Indigos* oder *Kristallkinder* bezeichnet. Ihr Bewusstsein ist sehr frei, und ihre Verbindung zur spirituellen Essenz ist offen. Sie sind hellwach, oft mehrfach talentiert, es fehlt ihnen aber häufig an Wissen um die irdischen Gesetzmässigkeiten.

Diesen Menschen und Wesen habe ich versucht Orientierung zu geben in meiner Schrift: «Gestrandete Engel. Ein Leitfaden für alle, die das irdische Leben verwirrend finden»

Gerade diesen lichtvollen Wesen wird von astraler Seite arg mitgespielt. Schlimme Träume lassen sie nachts aufschrecken, dunkle Vermutungen ängstigen sie tagsüber. Je strahlender und offener ihr Bewusstsein ist, desto heftiger sind oft die astralen Attacken.

Wer diese Wesen in deren Kindheit beschützen und begleiten möchte, muss über geistiges Wissen verfügen und selbst im spirituellen Raum gut verbunden sein. Manch ein Ritual mag nett sein, Traumfänger und Kristalle sehen hübsch aus, helfen in diesen Situationen aber genau so wenig wie Hoffen und Wünschen.

Erst wenn wir die Fähigkeit entwickelt haben, uns kraftvoll und voller Liebe im geistigen Raum zu zeigen und angemessen zu kommunizieren, ist astralen Kräften beizukommen.

Weil den meisten die entsprechende Schulung fehlt, bleibt den Eltern nichts anderes übrig als zu beruhigen: «*Nein, es ist kein Monster unter dem Bett.*» Und so lassen sie ihre Kinder allein in ihrer Angst.

Mehr darüber im Kapitel über die astralen Ebenen.

Das Dritte Auge und seine verschiedenen Zustände

- Das Dritte Auge ist geschlossen:

  In diesem Fall gibt es keinen Zugang zu den geistigen Ebenen. Man denkt zwar durchaus mit dem Stirnlappen, bzw. mit dem ganzen Gehirn, das ist aber auch ohne die Beteiligung des Bewusstseins vom Dritten Auge möglich. Der Intellekt ist lediglich eine Unterfunktion des Bewusstseins. Die Datenbank sozusagen.

  Mit geschlossenem Dritten Auge gibt man den materiellen Aspekten erste Priorität. Sie scheinen den eigentlichen Lebenssinn auszumachen.

  Mit Ausnahme etwa der Quantenphysik oder der modernen Kosmologie [7], deren Modelle sich überraschend präzise an geistig/spirituelle Gesetze anlehnen, ist das anerkannte wissenschaftliche Denken fern von Spiritualität. Es ist rein intellektuell und gehört eigentlich zum 5. Chakra.

  Auch Personen mit geschlossenem Drittem Auge und klassisch-wissenschaftlichem Weltbild können von nicht-materiellen, astralen Dingen beeinflusst werden!

  Aber was nicht sein darf, KANN nicht sein und wird deshalb kategorisch in Abrede gestellt.

- Im Idealfall ist das Dritte Auge offen und mit allen anderen Chakras verbunden.

---

[7] Stichworte für weitere Recherchen: «Das elektrische Universum», «Thunderbolts of the Gods»; neue Erkenntnisse zu Plasma, der Ursubstanz im Universum.

Das Dritte Auge ist dann wie der Steuermann, der eine gut eingespielte Crew führt, so dass alle im gleichen Takt rudern. Mit anderen Worten: Es ist wichtig, dass wir unsere Ziele mit allen unseren Anteilen anpeilen. Jedes Teammitglied teilt seine Erfahrungen mit den anderen:

Das 1. Chakra: Alarmiert, wenn Gefahren drohen.

Das 2. Chakra: Sorgt dafür, dass es allen wohl ist und dass alle die nötige Anerkennung und Wertschätzung bekommen.

Das 3. Chakra: Sorgt dafür, dass die Crew nicht durchhängt und heizt den Kampfwillen an.

Das 4. Chakra: Kümmert sich um die Herzensangelegenheiten und motiviert die anderen.

Das 5. Chakra: Sorgt dafür, dass alle zu Wort kommen, dass der Kompass richtig eingesetzt wird, dass die Segel gesetzt und die Lecks geflickt werden, es verfolgt die Wetterprognosen.

Das 6. Chakra: Hält die Idee des Ziels aufrecht, koordiniert und leitet die Teamsitzungen.

Dies alles ist in einer einzigen Person möglich und auch sinnvoll. Jedes einzelne Zentrum ist wichtig. Es leistet in seiner Einzigartigkeit seinen wichtigen Beitrag. Es gilt, jedes Chakra ernst zu nehmen, aber identifizieren sollten wir uns nicht mit ihnen. Unser Ziel ist es, im Dritten Auge zentriert zu bleiben und von dort zu entscheiden.

Wer auf diese Weise sorgfältig mit sich umgeht, wird auch ganz vieles über den Umgang mit einem Team lernen.

- Erleuchtung des Dritten Auges:
  Erleuchtung im Dritten Auge ist in Momenten möglich, in denen alle persönlichen Chakras ebenfalls in einem erleuchteten Zustand sind.
  Das heisst, du hast die ganze Bandbreite von Qualitäten erfahren, kennst das «Zuviel» und das «Zuwenig», die Tiefen und die Höhen, die Verzweiflung, die Hoffnung, die Angst und das Vertrauen. Du hast erfahren, gesehen, ausgewertet und bist jetzt (potenziell) fähig, die Folgerichtigkeit und Logik zu erkennen, die dem Schöpfungsspiel innewohnen.

Du lebst ein einfaches und wahrhaftiges Leben, strebst nicht nach Schall und Rauch und Ego-Dominanz.
Der Dialog im Kopf ist jetzt ruhig. Du denkst nicht über die Zukunft nach, empfindest kein Bedauern über Vergangenes, die Emotionen sind still. Nicht einmal ein «Ich habe es geschafft!» ertönt im Innern des Kopfes. Auf diese Weise käme das Ego wieder durch die Hintertür herein.
Ein solcher Moment der Erleuchtung kann überwältigend sein. Meist öffnet sich gleichzeitig die 12. Ebene. So kommen wir in Kontakt mit höchster Bewusstseinsqualität. Wir werden Eins mit allem, was ist – eine unvergessliche Erfahrung.
Eigentlich sollte ich jetzt einfach schweigen, denn dieser Zustand ist jenseits von Worten. Er kann mehrere Stunden, Tage oder Wochen andauern.

Lass uns für einen Moment innehalten und geniessen.

Und: Gratulation! Wir haben die Mittel-Station erreicht.

Aber wie du siehst, ist das Buch noch nicht zu Ende.

Die Verzückungsgefühle der Erleuchtungserfahrung – wir wollen es ungern wahrhaben – verblassen wieder. Sie werden zu einer Erinnerung, selbst wenn wir sie mit allen Mitteln lebendig zu halten versuchen.

Schon kurze Zeit danach hat uns das Leben wieder:

Die laute Musik von nebenan geht uns wieder auf die Nerven und das quengelnde Kind fordert wieder unsere ganze Geduld ...

Und trotzdem wird uns das, was wir erfahren haben, bereichern. Unser Verständnis für das Leben und die Schöpfung wachsen, weil wir alles mit klarer Bewusstseinsqualität und Mitgefühl durchdringen.

Wir werden weiter meditieren und an uns arbeiten, und es werden weitere Erleuchtungsmomente folgen.

Die innewohnende Logik unserer Universen tritt jetzt immer deutlicher zutage.

Folgerichtigkeit und Logik

Oren Lyons, ein Indianerältester, hat es präzis ausdrückt: «Natur kennt keine Gnade. Sie zeigt uns nur Folgerichtigkeit.»

Diese Folgerichtigkeit, die innewohnende Logik zu erkennen, ist vom Dritten Auge aus bereits möglich. Allerdings werden die Zusammenhänge offensichtlicher für jemanden, der von einem spirituellen, über-persönlichen Blickwinkel auf die Welt schaut.

Es sind die immer wieder gleichen Gesetze, die sich in immer neuen Zusammenhängen zeigen.

> *Wer die **heilige Geometrie** begriffen hat – ich meine, wirklich gefühlt hat ... Wer sich mit **fraktalen Gesetzmässigkeiten** und **Fibonacci-Spiralen** angefreundet hat ..., weiss eigentlich alles.*[8]

Im Dritten Auge zu sein bedeutet, dass wir uns **über** die menschlichen Emotionen erhoben haben. Mit Klarheit betrachten wir den riesigen Tanz der Welt und der Menschen als ein Spiel von kürzeren und längeren Rhythmen, ähnlich den Gezeiten. Es ist wie Einatmen und Ausatmen. Helligkeit wird abgelöst von Dunkelheit. Das Morgen entwickelt sich aus dem Heute. Und obwohl sich alles ständig wandelt, gibt es kaum Überraschungen für den, der aus geistigem Blickwinkel betrachtet.

Wer bei jeder Übungssequenz mit allen persönlichen Chakras arbeitet, wird erleben, dass diese einzelnen Fakultäten zusammenschalten wie ein gut eingespieltes Team von spezialisierten «Mitarbeitern». Jeder einzelne trägt sein Wissen und seine Erfahrung bei und ermöglicht dem Dritten Auge eine umfassende Übersicht.

Es ist sinnvoll, bei schwierigen Entscheiden (z.B. Wechsel der Arbeitsstelle) jedes einzelne Chakra zu befragen und seine Haltung in

---

8 Es gibt viele ausgezeichnete Artikel, Grafiken und Videos zu diesen Themen im Internet. Es lohnt sich, damit etwas Zeit zu verbringen.

Worte zu fassen. Dadurch bekommen diffuse Gefühle eine klare Zuordnung, Bedenken können genauer überprüft werden und die Entscheidung fällt leichter.

Das 1. Chakra hat immer Überleben und Sicherheit im Fokus.
Das 2. Chakra möchte sich aufgehoben und angenommen fühlen.
Das 3. Chakra will herausgefordert sein, aber nicht zu sehr. Der Sieg muss in erreichbarer Nähe sein.
Das 4. Chakra wird nach einem sympathischen Team und netten Vorgesetzten Ausschau halten. Es soll sich nach Familie anfühlen.
Das 5. Chakra wird die Karriereschritte im Auge behalten. Welche Arbeiten werden erwartet? Welche Aufstiegsmöglichkeiten bestehen?
Soweit die Anliegen der persönlichen Chakras. Sie kümmern sich um die körperlichen und emotionalen Bedürfnisse.

Mit der Sinnfrage hat das noch wenig zu tun. Erst der selbst definierte Lebenssinn gibt eine höhere Ausrichtung. Um ihn zu erkennen, werden wir uns am Höheren Selbst orientieren.

Fehlen solche essentielle Entscheidungen, werden andere Menschen dafür sorgen, dass wir ihren Zielen dienen.

Entwicklung in 3 Schritten: These – Antithese – Synthese

Drei Schritte sind nötig, um einen Prozess zur Reifung zu bringen mindestens. Manchmal gibt es auch Repetitionen. Aber im Grundsatz sind es die Schritte: «These – Antithese – Synthese». Auch diese widerspiegeln einen logischen Ablauf. Wenn wir ihn kennen, behalten wir leichter die Übersicht.

These:	Wer sich nicht bewegt, nichts verändert, bleibt in der These stecken. Man will nichts riskieren. Hier weiss man wenigstens, woran man ist. Im Stillstand kann die Qualität nie gleich bleiben. Stagnation tendiert immer zur Verdichtung, zum Abstieg.

Antithese: Wächst die Unzufriedenheit über die Stagnation, kippt das Verhalten irgendwann ins Gegenteil. Das bringt zwar Bewegung in die Sache. Das Gegenteil ist aber nicht per se besser.

Synthese: Nachdem die Betrachtungsweise ein paar Mal hin und her gekippt ist, wird hoffentlich ausgewertet und nach der Synthese gesucht.

Die Synthese ist mehr als die Summe von These und Antithese. Wir erheben uns über die Problemebene hinaus und sprengen den Horizont:
Heureka, gerade hat ein Quantensprung stattgefunden!

Ein Beispiel dazu gleich hier; ein weiteres folgt auf Seite 187.

Opfer – Täter – souverän-erwachsene Person

Du entdeckst erst zuhause, dass ein eben gekaufter Artikel schadhaft ist.

Das Opfer kämpft von unten nach oben:

Das ständige «Opfer» schaut durch das 2. Chakra in die Welt. Wenn wir in dieser Optik sind, gehen wir davon aus, dass wir mit böser Absicht übers Ohr gehauen wurden. Das Motto heisst: «Typisch – diese Dinge geschehen immer mir!»

Wir werden den Gegenstand zurückbringen und den Verkäufer aus einer kindlich verletzten Haltung heraus anklagen.

«Opfer» wundern sich, warum sich die meisten Menschen über sie stellen. Sie wissen nicht, dass sie selber diese Dynamik kreieren.

Der Täter kämpft von oben herab:

Wenn wir im Täterbewusstsein sind, schauen wir meist aus dem 3. Chakra in die Welt, evtl. auch aus dem 5.

Irgendwann gelingt es den meisten Opfern, sich aus der verhassten, kindlichen Rolle zu befreien. Die Energie von Wut und Arroganz gibt ihnen die Kraft, endlich in die Sieger-Rolle und damit in die Täter-Rolle zu schlüpfen.

Ein wichtiger Schritt, tatsächlich – aber nicht das optimale Ziel.

Als Täter werden wir im Laden den Verkäufer «von oben herab» kritisieren, denn es wurde – das ist wohl klar – aus hinterhältiger Absicht gehandelt oder man hat es mit unprofessionellen Versagern zu tun!

Wir haben ungerechte Behandlung endgültig satt. Wir meinen, es sei unser gutes Recht, unhöflich zu sein!

Als Täter wollen wir unser Gegenüber ins 2. Chakra zwingen, wo es sich voller Schuld unterwerfen soll.

Einem solchen Täter darf sich nichts in den Weg stellen, sonst sind er oder sie die ersten, die laut von «Machtmissbrauch» sprechen.

Die erwachsene Person begegnet auf Augenhöhe:

Der Weg von «Opfer» und «Täter» zu fähigen erwachsenen Personen ist nur mit Versöhnungsarbeit zu schaffen.

Als wichtigster Schritt muss die innere Selbstabwertung geheilt werden. Wer sich selber abwertet, wird sich entweder unter- oder überordnen. Das hängt von der Tagesform und vom jeweiligen Gegenuber ab.

Wir werden einsehen müssen, dass uns trotz bestem Bemühen Fehler passieren. Wir lernen, dass wir trotz Fehlern «unser bester Freund» bleiben können.

Eine wirkliche Herausforderung, wenn wir gerade versagt haben! Aber es ist möglich – und notwendig! Nur so wird es uns gelingen, mit anderen auf Augenhöhe zu kommunizieren.

Die Menschen da draussen in der Welt haben genau wie du Qualitäten und Mängel und tun (vermutlich) ihr Bestes, um (wie im Beispiel) die Kundschaft zufrieden zu stellen.

Mit diesem Verständnis werden wir das schadhafte Produkt zurückbringen, dem Verkäufer respektvoll begegnen und eine Lösung finden, mit der alle zufrieden sind. Das liegt auch im Interesse des Verkäufers, denn ein zufriedener Kunde macht gute Werbung und wird immer wieder zurück kehren.

In Begegnungen, die auf Augenhöhe stattfinden, also vom Dritten Auge her, fühlen sich alle wohl, ob Kinder oder Erwachsene, ob Patienten, Behinderte, Sterbende ... selbst Tieren ist es angenehmer so. Wir können von einem kindergerechten, patientengerechten oder tiergerechten Kontakt sprechen, in welchem wir unser Gegenüber mit seinen Themen ernst nehmen.

Jedes neue Thema bedeutet Neustart beim 1. Chakra

Das Leben liefert uns zahlreiche Möglichkeiten, alle Chakra-Ebenen bewusst zu erfahren. Mit jedem neuen Thema starten wir wieder beim 1. Chakra. Die Logik der Schritte zu kennen, ist dabei hilfreich:

1. Chakra: Sein oder Nichtsein.

    Während der Geburt ist das 1. Chakra sehr aktiv und sorgt für eine möglichst grosse Überlebenschance des neuen Erdenbürgers.

    Es fühlt sich nach Sein oder Nichtsein an, wenn du zu einer Prüfung antrittst, ein erstes Rendez-vous hast, vor einem Bühnenauftritt stehst oder dir dein erster Arbeitstag an der neuen Stelle bevorsteht.

    Manchmal ist es freudige Erwartung, leichte Aufregung, manchmal Lampenfieber oder auch nackte Angst – je nachdem, was auf dich zukommt. Diese Gefühle können Wochen anhalten, aber auch nur Tage, Stunden oder kurze Momente.

    Die Aufregung erhöht den Adrenalin-Spiegel mit den Folgen, die wir zur Genüge kennen: rasender Puls, feuchte Hände, zittrige Stimme, fahrige Bewegungen ...

2. *Chakra: Symbiose – wir fühlen uns aufgehoben.*
Das Neugeborene liegt zufrieden bei der Mutter und schläft.

Du entspannst. Die Kollegen am neuen Arbeitsplatz begegnen dir freundlich. Du kannst dein inneres Alarmsystem ausschalten. Wenn wir uns frisch verliebt haben, ist dies oft nicht so einfach. Es flammt die Angst auf, man könnte das eben gefundene Gegenüber wieder verlieren.

3. *Chakra: Eigenes durchsetzen.*

Das Selbstbewusstsein nimmt zu und wir nehmen uns Raum oder verteidigen unseren Raum: Kinder stellen sich gegen die Eltern, trotzen, grenzen sich ab.

Es sind jene Momente, in denen du keine Lust hast, nett zu sein und geduldig Anweisungen zu befolgen. Du setzt dich zur Wehr, formulierst deine Kritik und deine Vorstellungen.

Der Solar Plexus verwendet gerne Schlagworte. Es braucht seine Zeit, bis wir kraftvoll, aber in ganzen Sätzen kommunizieren können.

Wer lernt sich durchzusetzen, stellt das Machtgefüge in Frage. Zu hoffen ist, dass du auf dieser Ebene von Macht und Ohnmacht nicht stecken bleibst, sondern den Entwicklungsweg weitergehst.

4. *Chakra: Zwischenmenschliche Liebe – Selbstliebe.*
Kinder verlieben sich in ihre Eltern.

An der neuen Arbeitsstelle wächst die Vertrautheit, du beginnst persönlichere Dinge auszutauschen, gehst gar Freundschaften ein. Du spendest und bekommst Trost und Support, wenn es nötig ist.

(Allerdings: Längst nicht in allen Arbeitssituationen wird die Herzebene gelebt.)

Gibt es viel Raum für Gefühle, besteht die Gefahr, dass du dich plötzlich in Gerüchten, Intrigen, emotionalen Rivalitäten und Konflikten wiederfindest. Leicht taucht man von da ab zum 3. Chakra (Zorn und Abgrenzung) oder zum 2. Chakra (Verletztheit).

5. *Chakra: Selbstausdruck.*

   Kleine Kinder malen und gestalten ohne Ende, singen, tanzen, verkleiden sich. Sie lernen und verbessern den sprachlichen Ausdruck.

   Du hast gemerkt, dass Unterscheidungsfähigkeit und Klarheit an der Arbeitsstelle wichtiger sind als zu viel Herz. Du nimmt deine Gefühle etwas zurück und unterscheidest zwischen beruflichen und privaten Belangen. Das 5. Chakra kann sehr effizient, kreativ, präzise, vielseitig und sprachgewandt sein.

   (Vorsicht: Redest du allen drein, weisst du alles besser, hast du immer das letzte Wort? Man wird es dir als Eitelkeit und Arroganz auslegen.)

6. *Drittes Auge: Kann auch bei ganz kleinen Kindern offen sein. Viele «sehen» in die geistigen Ebenen, wo vieles Angst macht. Diese Kinder weinen deshalb oft und scheinbar ohne Grund.*

   Hier angekommen, weisst du recht genau, was du kannst und was nicht. Im Rampenlicht zu stehen ist nicht mehr dein wichtigstes Ziel. Wertschätzung gewinnst du, weil du die Übersicht bewahrst und jeweils Wichtiges hinzufügen und ergänzen und dadurch die Qualität des Ganzen verbessern kannst. Jüngeren Mitarbeitenden bietest du Beistand und Beratung.

   In der Wirtschaft herrscht das grosse Gerangel um Positionen. Aber auch die Angst um ihren Job sitzt vielen im Nacken. Mit dieser Situation kommen Menschen mit vorherrschendem 3. oder 5. Chakra am besten zurecht. Sie stürzen sich in den Wettbewerb, selbst wenn mit fiesen Methoden gekämpft wird. Sie sind ehrgeizig und oft heiligt der Zweck die Mittel. Mit stark ausgeprägten weiblichen Zentren, 2. und

4. Chakra, kann man/frau wesentlich schlechter mit solchen Belastungen umgehen. Sie schlagen auf den Magen, erhöhen den Blutdruck, machen schlaflos ...

Natürlich würden wir uns in einer leitenden wirtschaftlichen, aber auch politischen Funktion eine Person wünschen, deren persönliche Chakras alle integriert sind. Eine Person, die hauptsächlich im 6. Chakra zentriert ist. Sie wäre fähig und bereit, Verantwortung zu tragen. Sie wäre umsichtig und würde von den Mitarbeitern respektiert.

Dieser Person kann auch eine Tätigkeit im mittleren Kader gefallen, wenn sie mit Verantwortung und Wertschätzung einhergeht.

Chakras sind miteinander verbunden – oder nicht

Durch geistige Arbeit wird es uns möglich, in allen Chakras anwesend zu sein und immer öfter – oder sogar permanent vom Dritten Auge auf die Welt zu blicken. Regelmässige Psychohygiene schafft eine gute Verbindung zwischen den Chakras oder Zentren. Dadurch verfügen wir als «Kapitän» unseres eigenen Schiffs – wie vorgängig erwähnt – über die gesamte Crew als Team zu unserer Unterstützung.

Sind die Zentren nicht verbunden, kann es leicht geschehen, dass ein einzelnes Chakra, wie ein schlecht angepasstes Teammitglied, im Alleingang agiert und dadurch das ganze Unternehmen in Schwierigkeiten bringt.

Ein Wutausbruch, bei dem wir unsere Feuerenergie lautstark in die Welt schleudern, kann zu einem Energieverlust führen, der uns wie ein emotionaler Kater mehrere Tage schwächt. Jede verschleuderte Energie bringt unser System aus der Balance und kann sogar zu Krankheit führen.

Wer dies oft genug erlebt hat und Linderung sucht, wird sich eines Tages dafür entscheiden, den Blickwinkel vermehrt zum Dritten Auge zu bringen. Nur so kann es gelingen, die Chakras zu verbinden, alle Beobachtungen und Erkenntnisse zu sammeln und aus der Gesamtschau heraus klüger zu agieren.

Sind die Zentren verbunden, nehmen wir präziser wahr. Wir können «von Kopf bis Fuss» eine Meinung, eine Absicht vertreten. Alles ist im Fluss, stimmt überein und unser Ja oder Nein ist klar spürbar. Auf diese Weise «sind wir in unserer Kraft». Unsere Mitmenschen werden uns nicht in Frage stellen, wenn wir aus dieser Kraft heraus mitteilen:

«Ich bin der Meinung, dass ...»
«Ich habe mich entschieden, dass ...»
«Von jetzt an werde ich ...»

Um zu diesem Punkt zu gelangen, ist Arbeit nötig, weil ja, wie schon gesehen, jedes Chakra seine eigene Meinung hat. Es geht nicht an, diese Meinung mittels positivem Denken oder Suggestion in eine andere Richtung zu zwingen. Es geht darum, dass wir unsere eigene, persönliche Wahrheit finden, jene Wahrheit, die in Übereinstimmung steht mit der Essenz. Es geht also auch nicht um den Eigenwillen, jenen egozentrierten Impuls.

Gemäss der Analogie von vorhin würde der «Kapitän» alle Crew-Mitglieder anhören, Informationen einholen, Prioritäten setzen und dann einen Entscheid fällen, hinter den sich auch die Crew stellen kann.

Es gibt eine Schwerkraft des Bewusstseins

Leider geht es uns allen ab und zu so: Wir pflegen das Vertraute, bleiben in der Komfort-Zone und sind zu träge, uns immer wieder zu neuen Lernprozessen zu motivieren. So kommt es vor, dass ein Leben ausschliesslich mit zwei Chakras bestritten wird.

Niemand zeigt uns, wie wir unser Universum vergrössern könnten. Vielleicht *wollen* wir es auch nicht vergrössern. Hier eines der bekannten Muster, das gerne in Endlosschlaufe abläuft:

Auf einer Welle von Selbstsicherheit, vielleicht hervorgerufen durch ein Kompliment, bläst du dich auf, nimmst mehr Raum ein, als dir zustünde (3. Chakra).
Das wird vom Umfeld nicht akzeptiert. Du wirst rasch wieder klein gemacht.
Du erschrickst, wirst vielleicht krank und versinkst für eine Weile in Trauer oder Selbstmitleid oder Selbstabwertung (2. Chakra).
Dann kommt wieder ein positiver Schwall von Energie. In Form einer erneuten Anerkennung und Aufmunterung. Du surfst auf der nächsten Welle – bis zum nächsten Tiefschlag.

Mit zunehmendem Alter kommen die positiven Wellen seltener, gewinnen depressive Stimmungen die Oberhand.

Nicht aufgeben! Es ist eine Kunst, alle Ebenen zu erobern, die unterschiedlichen Qualitäten zu erfahren, um sie dann auch wirklich zur Verfügung zu haben. Und: Diese Kunst ist lernbar!

Eine logische Leiter von einer Stufe zur nächsten

1. Chakra: **Ich** will überleben. Ich schaue für mich und meine Sicherheit.

   Gefahr: Wir isolieren uns und wachen nur noch über unsere Güter bzw. sind besorgt um die Gesundheit des Körpers.

   Es wird wichtig, dass du dich öffnest und den Kontakt zu anderen Menschen wagst.

2. Chakra: **Wir** gehören zusammen. Zusammen sind wir stark, wir sind EINS. Wir teilen alles.

   Gefahr: Symbiotische Zweisamkeit macht den eigenen Erfahrungsbereich eng. Entwicklung findet kaum noch statt.

Die Emotionen der Beziehung stehen im Mittelpunkt der Aufmerksamkeit.

Jetzt gilt es, den Blick wieder nach aussen zu richten. Was tun die anderen? Wie kann ich mich da positionieren?

3. Chakra: **Ich** will siegen. Ich will brillieren, recht haben, will Herausforderungen annehmen und an ihnen erstarken.

    Gefahr: Wir stehen in ständigem Wettbewerb. Die Kraft des Solar Plexus befähigt uns zur Abgrenzung. Wir setzen uns für die eigenen Projekte ein. Uns ist egal, was andere denken. Der Kampf allerdings wird episch. Die Welt ist voller Gegner.

> Der Übergang vom 3. zum 4. Chakra ist der schwierigste Schritt: Wie können wir lernen, dass statt ängstlicher oder aggressiver Verteidigung auch liebevolle Anteilnahme möglich ist?
>
> Eine neue Liebe schafft in der Regel die Brücke ...

4. Chakra: **Wir** sitzen alle im gleichen Boot. Wir können/sollen einander beistehen.

    Dies ist ein wichtiger Schritt ins erwachsene Sein. Wir lassen die kindliche Nabelschau, das Selbstmitleid und die Egozentrik hinter uns und wenden uns interessiert und mitfühlend den Mitmenschen zu. Jetzt entstehen verantwortungsbewusste Beziehungen, werden Familien gegründet.

    Gefahr: Die Gefühle sind manchmal überwältigend. Wir versinken darin und verlieren den Überblick. Da kommt der kühle Sachverstand der nächsten Stufe gerade recht.

5. Chakra: **Ich** zeige mich mit meiner Meinung, vertraue auf meinen Durchblick und meine Fähigkeit zu unterscheiden. Ich drücke verbal und nonverbal aus: So bin ich!

Hier können wir Gelerntes, Erfahrenes und Erlebtes auswerten und den Herausforderungen mit vielseitigen Fähigkeiten begegnen (Handwerk, Sprache, Kreativität).

Gefahr: Die Überbetonung des 5. Zentrums bringt grosse Selbstdarsteller hervor. Manche von ihnen halten sich für unersetzlich, sind überheblich, intolerant und belehrend. Sie wollen alles selber machen, weil es niemand gut genug kann und weiss. Sie behalten alle Fäden in der Hand. Partnern, Kindern und/oder Mitarbeitenden werden eigene Erfahrungen vorenthalten.

Können wir uns zu Gunsten des Gemeinwohls etwas zurücknehmen?

6. Chakra: Überpersönliche Betrachtung.

Wenn wir erkannt haben, was wir alles können und wenn wir dies nicht mehr ständig beweisen müssen, können wir aus dem Rampenlicht zurück treten und anderen die Möglichkeit geben zu lernen, zu üben und zu Erfolgen zu gelangen.

In der Kindererziehung ist das leicht nachvollziehbar, in den meisten Berufen schwer möglich, weil sich viele an ihre Stellung klammern oder aus existentiellen Gründen klammern müssen.

Vom Dritten Auge (6. Chakra) aus, sind wir fähig, Entscheide zu fällen, die dem grossen Ganzen dienen und wahrhaftig sind, selbst wenn sie unseren persönlichen Bedürfnissen zuwider laufen.

Was ist der jeweils nächste Schritt?

Wenn du in einem Thema steckenbleibst und nicht weiter weisst, ist es sinnvoll herauszufinden, auf welcher Ebene du aktuell bist. Die vorangegangenen Kapitel sollten dazu Orientierung geben.

Du kannst auch in deinen Körper hineinfühlen und wahrnehmen, bei welchem Chakra am meisten Ladung ist.

Bis du die Werkzeuge und Techniken einer Ebene beherrschst, können, müssen aber nicht, Jahre vergehen. Überhüpfen kannst du nichts. Aber wenn du eine Ebene ausgelotet hast, kannst du dich mit dem nächst höheren Chakra vertraut machen.

Zum Beispiel:

Wer unterdrückt und abgewertet wird (durch Mutter, Lehrmeister, Vorgesetzte), durchläuft meist eine längere Zeit der geschickten Anpassung, um nicht bestraft zu werden. Dieses angepasste Verhalten gehört zum 2. Chakra.

Wenn die Energie im 3. Chakra zunimmt (vielleicht durch hilfreiche Gespräche mit Freunden), wachsen Wunde und Widerstand.

Anfangs wird die neu entdeckte Kraft zwar erst allein ausgelebt, aber eines Tages fühlst du dich stark genug, um dich hinzustellen und für deine Bedürfnisse einzustehen.

Nun bist du im 3. Chakra, also auf der nächst höheren Stufe angekommen.

Das zeigt auch: Ein Problem lässt sich nie auf der gleichen Ebene lösen, auf der es entstanden ist, bzw. wir können es nicht mit dem gleichen Bewusstsein lösen, mit dem wir es kreiert haben.

Vielleicht gehörst du zu denjenigen, die auf jede Herausforderung mit Wut und Abgrenzung reagieren (3. Chakra).

Für dich gilt es herauszufinden, wie du Mitgefühl für dein Gegenüber aufbringen kannst (4. Chakra).

Vielleicht gehörst du zu denjenigen, die sofort weinerlich werden, wenn sie sich einem Problem stellen müssen. (2. Chakra, wenn es sich sehr kindlich anfühlt, 4. Chakra, wenn du zwar erwachsen bleibst, aber von Gefühlen überwältigt wirst.)

Solche Emotionen sind im Berufsleben nicht förderlich. Dein Lernprozess soll dich zu mehr Sachlichkeit führen.

Es geht darum, dass wir erwachsen und angemessen reagieren können (5. und 6. Chakra).

Und auch wenn es klingt, wie ein Spruch von einem Zuckersäckchen:

Die Welt ändert sich nicht – wir müssen uns ändern.

Energetische Kommunikation

Wenn du bis hierher gelesen hast, ist dir klar, dass das menschliche Leben am einfachsten zu bewältigen ist, wenn du alle Chakras ungehindert benutzen kannst. Sobald du genügend Bewusstsein über sie erlangt hast, kannst du frei wählen, wie du ihre Energien zur verbalen und nonverbalen Kommunikation einsetzen willst.

Wenn die Handlungsebene einer Person in den instinkthaften Chakras angesiedelt ist, regiert der animalische Teil. Vieles läuft reflexartig ab. Es besteht nicht viel Bewusstsein.

Die Fähigkeit zu reflektieren gewinnen wir erst dazu, wenn wir das 5. und 6. Chakra benutzen. Ist jemand zum Beispiel auf den Solar Plexus fixiert, wird es nicht möglich sein, andere zu verstehen, die durch das Hals-Chakra oder vom Dritten Auge her argumentieren.

Allein wer alle Zentren beherrscht, kennt alle «Fremdsprachen».

Wenn du Bewusstseinsarbeit geleistet hast, solltest du in der Lage sein, dich soweit anzupassen, dass eine Begegnung mit anderen auf allen Ebenen möglich ist. Dies ist besonders wichtig für Lehrkräfte, Erziehende, Pflegende oder Therapeuten. Sie müssen sich auf unterschiedliche Ebenen einstellen können.

Vielleicht wird die Bedeutung einzelner Worte in der Kommunikation manchmal überbewertet. Natürlich können Ausdrücke geschickter oder weniger geschickt gewählt werden. Das allerdings, was von der ersten Sekunde der Begegnung an Wirkung hat, noch bevor wir den Mund aufgemacht haben, ist unser energetischer Zustand. Energie kommuniziert unmittelbar und jederzeit.

Wir können mittels energetischer Kommunikation lernen, Klarheit zu schaffen oder Begegnungen im weitesten Sinne zu verbessern. Energetische Kommunikation, zusammen mit Körpersprache, wirkt auf erwachsene Personen ebenso wie auf Kinder und – das ist uns allen klar – auch auf Tiere.

Manchmal kommt es auch hier zu Missverständnissen, denn verschiedene Kulturen interpretieren Signale ganz unterschiedlich. Entsprechende Schulung für Geschäftsleute mit internationalen Kontakten gewinnen deshalb an Bedeutung. Energetische Kommunikation ist das Handwerkszeug eines jeden gut ausgebildeten Verkäufers.

Aber Vorsicht: Missbrauch ist weit verbreitet. Um nicht hilflos ausgeliefert zu sein, ist es in unserer Gesellschaft leider immens wichtig, sich der Wirkung dieser Energien gewahr zu werden.

Neuere Studien, zum Beispiel von Robert D. Hare Ph.D., zu Soziopathen und Psychopathen zeigen klar, dass diese über eine angeborene Fähigkeit zur Manipulation verfügen. Mit absoluter Treffsicherheit wenden sie skrupellos alle zur Verfügung stehenden Mittel an, um ihre Ziele zu erreichen. Mehr dazu ab Seite 142.

Wahrnehmung für die Energie entwickeln

Uns alle umgibt ein energetischer Raum. Im Idealfall ist dieser von einer feinen energetischen Haut umgeben, die ganz klar unterscheidet zwischen dem «Ich» und dem «Rest der Welt». Sollte dieser Raum für dich noch nicht wahrnehmbar sein, kannst du ihn mental erschaffen. Mit der Zeit wird es dir ganz selbstverständlich sein, dass unser Emotionalkörper von einer Haut umgeben ist.

Grösse und Beschaffenheit dieses Ballons kannst du jederzeit verändern. Mit dieser Idee zu spielen und zu beobachten, wie das Umfeld reagiert, lohnt sich sehr.

- Der energetische Ballon kann sehr gross sein:

    Das verleiht einem Bühnenstar Präsenz – und provoziert innerhalb eines Teams oftmals Aggression. Wer sich energetisch zu gross aufbläst, wird schnell als Angeber abgestempelt. Mitarbeiter werden nach Möglichkeiten versuchen, den übergrossen Ballon zum Platzen zu bringen. Jede Fehlleistung wird mit Häme kommentiert. Angemessenheit entspannt die Situation in Sekunden.

- Der Ballon kann sehr klein sein:

    Dies zeugt von geringem Selbstwert, Angst oder Depression. Wir kennen alle die Mauerblümchen, die kaum wahrgenommen werden. Menschen mit starkem Solar Plexus werden immer mit Aggression reagieren, wenn sie auf Menschen mit einem kleinen Ballon treffen, weil sie einen Gegendruck benötigen, um sich daran zu orientieren. Wenn jemand energetisch klein ist und sich versteckt, piesacken sie so lange, bis eine Reaktion kommt. Viele Mauerblümchen zerbrechen eher, als dass sie die Stimme erheben würden.

- Der Ballon ist gar nicht vorhanden:

  Diese Menschen sind schlecht inkarniert, nehmen sich selbst nicht wirklich wahr und werden von jedem Hauch umgeweht. Sie sind meist nicht wirklich sich selber, da sie zwischen ihren Gefühlen und denen von anderen nicht unterscheiden können.

- Der Ballon ist voller Angst:

  Angst ist für Mensch und Tier leicht wahrnehmbar. Selbst wir Menschen können manchmal Angst riechen. Hunde tendieren dazu, bei Angst anzugreifen.

Einem Hund mit den Gedanken *«Tu mir nichts! Bleib mir fern!»* zu begegnen, bewirkt häufig das Gegenteil. Der Hund kommt knurrend auf uns zu, weil er unsere Angst wahrnimmt.

Mach es umgekehrt und kommuniziere:

«Ich tu dir nichts. Du brauchst keine Angst vor mir zu haben.» Gleichzeitig machst du die Grenzen weich und gibst dem Hund viel Raum.

Es geht nicht um die Worte, sondern um unsere Haltung. Denn auch ohne dass die Worte laut ausgesprochen werden, wird der Hund positiv reagieren, gelassen bleiben oder vielleicht sogar wedelnd auf dich zukommen.

Die Reise geht weiter

Wenn wir in der Meditation das Tor des Dritten Auges passieren, kann es geschehen, dass wir uns plötzlich draussen im unendlichen Universum wiederfinden und keine Ahnung haben, wohin wir uns wenden sollen.

Dieses Erlebnis kann tiefgreifende Angst auslösen und manche werden dadurch von der Meditation abgehalten.

Ich hoffe, dass es mir gelingt, mit den folgenden Kapiteln Orientierung zu geben, so dass sich diese Angst auflöst.

Erste astrale Ebene: Ebene 7

Auf Ebene 7 sind wir der Materie noch sehr nahe. Man könnte sagen, wir sind gleich nebenan.

Wenn sich unsere Wahrnehmung für diese Ebene öffnet, kann es geschehen, dass wir plötzlich die Gedanken anderer Menschen im Kopf haben. – Gedanken lesen zu können, mag in manchen Situationen erstrebenswert scheinen. Aber all diese Alltäglichkeiten möchtest du gar nicht wissen. Sie werden bald zur Belastung.

Es hilft, sich ganz klar zu entscheiden, dass man die Gedanken der andern nicht wissen will, sondern auf das wartet, was uns verbal mitgeteilt wird. (Bald werden wir die Fähigkeit entwickeln, diese Dinge auf ihren Wahrheitsgehalt zu prüfen.)

Oft sehen kleine Kinder die Wesen der Ebene 7 und sprechen deshalb ganz natürlich mit Verstorbenen oder mit Naturwesen. Sie wundern sich lediglich, dass nicht alle sie sehen können.

Auf Ebene 7 treffen wir auf jene *Verstorbenen*, die sich nicht lösen können von ihrem Körper, von ihren Gütern. Sie zeigen sich – allenfalls leicht verjüngt – als geistiges Abbild ihres letzten Körpers, mit Kleidung, Haaren und Attributen ihrer Zeit. Häufig machen sie sich auch durch einen typischen Geruch bemerkbar: Zigarrenrauch, Lavendelduft. Unlängst hatte ich Besuch von einem Wesen, das nach Moschusparfüm roch.

Auch die in Island bekannten «Hidden People», die verborgenen Menschen, sind auf Ebene 7. Sie wohnen in Felsen und grossen Steinen, in einer Art Parallelwelt. Als ich sie dort besuchte, zeigten sie sich mir gegenüber etwas mürrisch, wenig kommunikativ, gekleidet im Stil des 18. Jahrhunderts.

Ich gehe davon aus, dass es sich um die 10'000 Verstorbenen handelt, denen 1783/84 durch katastrophale Vulkanausbrüche die Lebensgrundlage entzogen wurde. Der Grossteil der Insel wurde damals mit einer giftigen Ascheschicht überdeckt. Die Temperaturen fielen weltweit und es kam zu grossen Ernteeinbussen. Der dänische König bot an, die gesamte Restbevölkerung von 40'000 Personen nach Dänemark zu evakuieren.

Die Isländer hatten sich dagegen gewehrt und an der Westküste ausgeharrt. Die Entscheidung auf der Insel und dadurch unabhängig zu bleiben, wirkte für viele auch über den Tod hinaus. Auf jeden Fall sind die «Hidden People» immer noch kontaktierbar. Manchmal müssen sogar die Strassen um ihre Felsenhäuser herum gebaut werden, weil sie die Versetzung «ihres» Steines zu verhindern wissen.

Weiter gibt es Spuk- und Poltergeister. Diese Verstorbenen oder auf traumatische Weise zu Tode gebrachten Menschen, wollen sich mit allen möglichen Mitteln bemerkbar machen oder die Lebenden ängstigen. Manche lernen Gegenstände zu bewegen, Kerzenflammen zum Flackern zu bringen oder mit kühlem Hauch ihre Anwesenheit bemerkbar zu machen.

Desorientierte Verstorbene von Ebene 7 treffen wir in Kliniken, wo sie darauf warten, dass ihnen jemand mitteilt, wie es jetzt weiter geht, und natürlich auch auf Friedhöfen, in Kirchen und Abdankungskapellen.

Es besteht kein Grund zur Angst.

Was es braucht, sind Menschen, die ihr geistiges Wissen zur Verfügung stellen, damit diese Wesen Orientierung finden und frei werden.

Ein Grund mehr, dieses Buch zu Ende zu lesen und sich dieses geistige Wissen anzueignen.

Materielle Verhaftungen

Es wäre zu begrüssen, wenn wir während unseres menschlichen Daseins die ganze Bandbreite erfahren würden: von intensivem Körperbewusstsein bis zu bewusstem Verlassen des Körpers.

Dadurch wäre es viel selbstverständlicher, beim Sterben diese Hülle abzustreifen.

Wenn der Körper und der materielle Besitz bis ins Sterben die wichtigsten Themen sind, wird sich das nach dem Tod nicht einfach ändern. In diesem Fall halten sich Verstorbene so lange wie möglich an Dingen fest. Das ist alles, was sie kennen. Oft bleiben sie dort, wo der Körper starb, oder sie kehren zum Ort der Kindheit oder eines eindrücklichen Erlebnisses zurück – schön oder schlimm.

Wer als Mensch davon überzeugt war, dass «ewiges Leben» heisst, in seinen Kindern weiterzuleben, wird sich an deren Körper heften. – Dies kann Leiden für ganze Familien bedeuten, weil sich niemand mehr wirklich frei fühlt.

Verstorbene können zeitlich unbegrenzt in einem unerlösten Zustand bleiben. Erst wenn sie die Zusammenhänge verstehen und frei werden wollen, haben sie die Möglichkeit dazu.

Manche aber – ich habe es schon erwähnt – werden durch äussere Einwirkungen, eigene Entscheide, immer grösser werdende Karmalast kleiner und kleiner. Die Zeit vergeht und sie erlöschen sozusagen, sinken in tiefen Schlaf, gelangen in die Materie oder lösen sich auf.

Sie ins Licht zu schicken, ist keine Lösung, denn im astralen Bereich gibt es viele falsche Lichter.

Wenn wir hingegen selbst den ganzen Weg gegangen sind und auch die spirituellen Universen erfahren haben, können wir Wesen von Verstorbenen mit in die Meditation nehmen, um ihnen alle Ebenen zu zeigen. Es geht jetzt darum, dass sie ihre Verhaftungen zurücknehmen, um frei genug zu werden, die spirituellen Qualitäten zu erfahren. Da wir das in unseren Meditationen ebenfalls tun, können sie sich an uns orientieren. So können wir sie wieder mit dem innewohnenden erleuchteten Bewusstsein in Kontakt bringen – sofern wir es selbst bereits erfahren haben.

Dies ist positive, geistige Arbeit, die unser eigenes Bewusstsein anhebt, den Verstorbenen Nutzen bringt und sie ihrerseits befähigt, weitere Wesen zu befreien, beispielsweise ihre eigenen Eltern.

Bei deiner ersten Kontaktaufnahme kannst du jeweils Folgendes mitteilen:

> «*Ich sehe dich! – Aber du bist verstorben und gehörst nicht länger der materiellen Welt an. Erinnerst du dich, wie dein Körper gestorben ist? Lass ihn jetzt zurück. Du wirst einen anderen haben, wenn du dich wieder inkarnieren willst. Du bist ein freies Geistwesen.*»

Manche sind wirklich verzweifelt und suchen Hilfe.

Andere schlafen auch und müssen erst geweckt werden. Weiter gibt es solche, die es vorziehen gar nicht aufzuwachen. Sie haben sich vielleicht schon während ihres Lebens mit einem Bedürfnis nach Ruhe immer mehr eingekapselt und versinken jetzt in selbst erschaffener Dunkelheit. Andere möchten, wie das folgende Beispiel zeigt, ihren Traum weiterleben.

Aus meiner Praxis

Ich wurde von einer Klientin gebeten, eine wohlhabende Frau geistig zu befreien. Diese war drei Monate zuvor durch einen Unfall aus dem Leben gerissen worden.

Ich fand die Verstorbene in ihrem begehbaren Schrank, umgeben von ihren teuren Kleidern.

Obwohl ihr mein Angebot, die geistigen Sphären zu bereisen, wenig Sinn zu machen schien, willigte sie nach einer Weile ein an der Führung teilzunehmen. Ich tat alles, sie an ihr göttliches Potenzial zu erinnern, sie interessierte sich aber nicht wirklich dafür.

Einige Wochen später traf ich meine Klientin wieder. Gemeinsam suchten wir die Verstorbene und fanden sie immer noch zwischen ihren Kleidern bzw. im Abbild, das sie sich davon gemacht hatte, ihre materiellen Kleider waren ja nicht mehr dort.

Soviel zur Annahme, es würden sich alle nach Spiritualität sehnen!

Techniken der 7. Ebene

Geistige Fähigkeiten gibt es auf allen geistigen Ebenen. Aber sie sind dichter oder subtiler, je nach dem, mit welcher Frequenz wir in Kontakt sind.

Hellsichtigkeit

Öffnet sich die Wahrnehmung der Ebene 7, kann es wie gesagt sein, dass wir plötzlich die Gedanken anderer Menschen in unserem Kopf haben. Gedanken lesen zu können ist nicht so toll, wie man glauben könnte. Das meiste ist trivial. – Wie zu Beginn des Kapitels erwähnt, ist es hilfreich sich per Entscheid dagegen zu schützen.

Ein Mensch, dessen Bewusstsein in der Frequenz der Ebene 7 schwingt, ist fähig, Materie wahrzunehmen. Sie sieht entfernte Orte und Ereignisse, weiss, wo verlorene und verlegte Dinge zu finden sind, kann im Körper einen verschobenen Wirbel diagnostizieren, sieht Gallensteine etc.

Eine spezielle Disziplin der Hellsichtigkeit heisst «Remote Viewing»[9]. Es ist eine präzise definierte Technik, die zu erstaunlichen Resultaten führt. Sie ist vor allem für den Geheimdienst interessant, aber natürlich auch in der Forschung zum Phänomen Zeit und Raum oder zu unterschiedlichen Funktionen des Bewusstseins.

Die Technik als solche ist neutral. Die Frage ist jedoch, wer ist an den Resultaten interessiert? Besonders begabte Personen sind von grösster Bedeutung für Geheimdienst und Militär, so dass sie, sobald sie entdeckt sind, zu Staatsbesitz werden. In Amerika, so wurde bekannt, werden bereits kleine Kinder auf aussersinnliche Fähigkei-

---

[9] Wichtige Namen in Zusammenhang mit Remote Viewing sind Ingo Swann, Russel Targ, Ed Dames, Courtney Brown ...

ten getestet und bei entsprechender Begabung gezielt ausgebildet. Freier Wille und Selbstbestimmung sind dabei nicht vorgesehen.

Fliegen und «astral Reisen».

Beides ist auf allen astralen Ebenen möglich.

Auf Ebene 7 reist man mit «schwerem Gepäck». Man rollt sich gewissermassen aus dem physischen Körper heraus, nimmt viel «Energie» mit und kann sich daher auch an anderen Orten sichtbar machen oder sogar Personen berühren. Diese glauben dann, der Astralreisende wäre physisch anwesend.[10]

Je höher die Bewusstseinsfrequenz, desto subtiler sind wir unterwegs auf unseren geistigen Reisen, bis wir schliesslich spirituelles Bewusstsein erlangen und die Fähigkeit entwickeln, überall gleichzeitig zu sein.

Die Frequenzen von Ebene 7 wirken auf die Materie

Bei Menschen, die auf die Schwingungsfrequenz der Ebene 7 eingestimmt sind, kann in Momenten von Stress oder starken Emotionen die Materie in der Umgebung reagieren: Glühbirnen oder Gläser können bersten, ohne dass sie berührt wurden, Uhren und elektrische Geräte schalten sich unvermittelt ein oder aus.

Wenn dein Computer anfängt, auf deine Energie zu reagieren, bringt das Schwierigkeiten. Die normalen Geräte sind (noch) nicht so weit, dass sie mental gesteuert werden können. Aber – so können wir annehmen – wir tragen diese Fähigkeit in uns. Wir haben sie vielleicht auch an anderen Orten [11] schon gebraucht.

---

10 Robert Monroe hat umfassende Studien gemacht und darüber geschrieben.

11 Unsere Erde trägt nicht das höchst entwickelte Leben des Universums. Manche von uns bringen Erinnerungen von anderen Existenzen mit. Manchmal flackern diese Fähigkeiten durch und kreieren Probleme, weil sie nicht mit dieser Welt kompatibel sind.

Manchmal bewohnen und beeinflussen astrale Wesen elektronische Geräte. Ganz einfach, weil es zu viele Wesen und zu wenige Körper gibt. Astrale Wesen weichen auf Maschinen aus und rufen dadurch unangenehme Störungen hervor. Manchmal übernehmen sie auch andere Gegenstände, denen Aufmerksamkeit oder gar Verehrung zuteil wird, wie Heiligenbilder oder Statuen. All dies kann ziemlich grosse Verwirrung stiften.

Jemand mit guten geistigen Fähigkeiten kann die astralen Wesen befreien und die Sache wieder in Ordnung bringen.

Heilen

Wer über eine gute Kommunikation mit der Materie verfügt, entwickelt auf ganz natürliche Weise Fähigkeiten, die über das Normale hinausgehen. Oft fühlen sich diese Menschen dadurch berufen, schamanisch oder heilerisch tätig zu werden.

Die meisten Heiler und Schamanen beiderlei Geschlechts sind auf Ebene 7 aktiv, weil sie materie-nahe Energien nutzen, um die Materie zu beeinflussen.

Manche von ihnen haben zudem Zugang zur 8. Ebene. Dort nehmen sie die Emotionen und energetischen Dynamiken in Beziehungen wahr und beeinflussen sie.

Zugang zu Ebene 9 haben sie in der Regel nicht, vielmehr werden sie selbst von 9er-Wesen dominiert.

Ich weiss, dass ich mich mit dieser Aussage ins Wespennest setze, denn Heiler und Schamanen geniessen grosses Ansehen in der Gesellschaft. Lass mich erklären.

Dieses Schöpfungsspiel haben wir alle zusammen erschaffen und wir haben alle ohne Zweifel ein Recht, hier Erfahrungen zu machen, solange wir das wünschen. Daran ist nichts falsch.

Allerdings gibt es viele Menschen, die überzeugt sind, dass sie genügend erfahren oder auch genügend gelitten haben und dass sie nicht mehr länger in dieser limitierten Realität sein möchten. Sie fühlen sich gefangen und der Gedanke an eine

Wiedergeburt auf dieser Erde erscheint ihnen alles andere als beglückend.

Zudem drängen bei manchen Menschen Erinnerungen an eine freiere, subtilere und spirituellere Realität ins Bewusstsein. Ihnen wird klar, dass sie alles daran setzen müssen, um nicht mehr zu inkarnieren. Sie wollen frei werden. Wenn nicht jetzt, so wenigstens nach dem Tod.

Dieses Buch soll Klarheit schaffen. Ich will erläutern, warum gewisse Techniken nur das Gefängnis verschönern, uns aber nicht befreien.

In dieser Welt kümmern wir uns oft vor allem um materielle Manifestationen; um den eigenen Körper, um Besitz in irgendeiner Form. Methoden, die darauf Einfluss nehmen, das Leben hier zu verbessern, tun dies über die Frequenzen der Ebenen 1 bis 9. Die Methoden sind an sich nicht falsch. Man sollte sie aber nicht für spirituell halten. Wer in dieser Welt bleiben will und an Freiheit nicht interessiert ist, kann sie gern benutzen. Wer frei werden will, muss einen anderen Weg gehen. Diesen Weg möchte ich aufzeigen.

Spiritualität (Ebenen 10 bis 14) steht ausserhalb. Dies ist eine Unterscheidung, keine Wertung. Es gilt zu verstehen, dass Wesen, die sich im spirituellen Raum befinden, nicht die Absicht haben, das Spiel zu verändern. Hätten sie diese Absicht, würde sich ihre Frequenz verdichten und sie wären sofort in dichteren Universen, also im astralen Bereich.

Absichten zu haben, etwas verändern und manifestieren zu wollen, ist ein anderer Zustand, als im Sein, in der Liebe, im Mitgefühl zu ruhen.

Aber es gibt spirituelles Heilen. Das ist eine vollkommen andere Qualität. Darüber schreibe ich ab Seite 185.

Wer mit seiner eigenen Kraft und Entschiedenheit Einfluss nimmt, um Symptome zum Verschwinden zu bringen, muss immer mit einem Echo rechnen, das zu ihm zurückkehrt. Es ist ein physikalisches Gesetz: Energie hin – Energie her. Für Heiler, die mit diesen Energien arbeiten, ist nicht ersichtlich, für welches Karma sie die Verantwortung übernehmen und welche Konsequenzen das hat.

Um wirklich zu heilen, brauchen wir eine viel umfassendere Optik. Harmoniebedürfnis und Schmerz-Intoleranz reichen bei weitem nicht aus.

Solange die instinkthaften Chakras (1 bis 3) nicht bereinigt sind, ist die Frequenz des Bewusstseins dicht und schwer. Dadurch besteht lediglich Zugang zu den astralen, nicht aber zu den spirituellen Ebenen. Das entspricht einer sehr limitierten Sicht. In diesem Zustand sind viele Menschen leicht zu verführen, insbesondere wenn sie faszinierende astrale Fähigkeiten vorgeführt bekommen.

Erst wenn die instinkthaften Themen durchschaut, verstanden und ausgeheilt sind, kann die Reise weitergehen.

Mit Eigendünkel umzugehen, also mit der persönlichen Eitelkeit, ist hier eine der ganz grossen Herausforderungen ...

Nicht alle Heiler wirken auf diese Weise mit der eigenen Kraft auf die Energie. Meist mischen sich auch astrale Helfer ein und benutzen den Heiler als Kanal. Dadurch komplizieren sie die Angelegenheit in einer Weise, die weder für den Heiler noch für den Patienten erkennbar ist. Diese beiden haben nur die Genesung im Sinn. Die ganze Angelegenheit ist aber wesentlich grösser, die Konsequenzen wirken gar weit über den Tod hinaus.

Es besteht ein verworrener Mix aus Suggestion, Hypnose, Placebo, Energien, guten Absichten, schlechten Absichten, Macht, Manipulation, Ausbeutung, Abhängigkeit, Glaube, Vertrauen, Hoffnung. Dazu kommen die astralen Helfer, die keineswegs göttlich sind, sondern gerne die beteiligten Personen unter ihre Kontrolle bringen.

Das ganze Thema «Heilen» ist vielschichtiger als oft angenommen wird. Die Ernüchterung folgt oft ein paar Jahre später und ist meist gross.[12] Es braucht eine klare Wahrnehmung, um wirklich erkennen zu können, was im Hintergrund abläuft und falsch läuft.

---

12 Meine kritischen Anmerkungen beziehen sich auf «Wunder-Methoden» wie Reiki und andere Arten von sog. geistigem Heilen, nicht aber auf therapeutische Techniken wie Shiatsu, Lymphdrainage, Rolfing, Cranio-Sacral-Therapie, Feldenkrais etc. Diese Techniken können ohne jegliche astrale Mitarbeit gute Resultate bringen.

Leider kommt es nur zu leicht zu einem «Pakt mit dem Teufel». Lies darüber ab Seite 148 genaueres. Dabei wird dir bestimmt klar, wie wahr die Aussagen der spirituellen Mystiker sind:

> *Spirituelle Mystiker raten grundsätzlich davon ab, okkulte Kräfte anzuwenden oder ihnen überhaupt Bedeutung zu geben. Siddhis (wie die okkulten Kräfte von Ebene 7, 8 und 9 genannt werden) sind Ablenkungen. Sie machen viel Wirbel, erregen Aufmerksamkeit und verführen das Ego.*
> *Sie haben keinen spirituellen Wert und bringen uns nur in (karmische) Schwierigkeiten.*

Im spirituellen Bereich werden wir wesentlich Wertvolleres kennenlernen. Du kannst die Siddhis also getrost loslassen.

Ja, ich weiss, das tönt alles nach einer Menge Arbeit.

Unser Gefängnisplanet wird sehr streng bewacht. Das Netz ist feinmaschig, es gibt weder Hintertür noch einfache Flucht in die Freiheit.

Wir sind dann erst frei, wenn wir wieder zu dem geworden sind, was wir im Grunde sind: Reine, spirituelle Wesen. Für die meisten von uns, ist das kein einfacher, aber ein lohnender Weg.

Halt! Was ist mit dem Kronen-Chakra?

Vielleicht scheint dir, ich hätte das Kronen-Chakra vergessen.

Das habe ich nicht.

In meinem Modell, das sich durch viele Jahre praktischer Anwendung bewiesen hat, ist das 7. Chakra, das Kronen-Chakra, das 1. Chakra der oberen Ebene. Es gehört damit zur Astral-Ebene und bedeutet nicht die Erleuchtung.

Glaube mir, es hat lange gedauert, bis mir dieser Zusammenhang klar geworden ist!

Das heisst nicht, dass ich die wertvollen Qualitäten, die üblicherweise dem Kronen-Chakra zugeschrieben werden, missachte. Die Dinge sind lediglich anders geordnet.

Diese Erkenntnis beruht unter anderem auf folgenden Erfahrungen und Beobachtungen:

- An der Schädeldecke werden (so nehme ich es wahr) Programmierungen sichtbar, die das geschlechtsspezifische, soziale, kulturelle und religiöse Verhalten und Denken prägen.

  Bei manchen Menschen befindet sich an dieser Stelle ein umfassendes Drehbuch, eine Vorstellung darüber, wie das Leben zu sein hätte. Diese Menschen stehen immer eine Spur neben dem wirklichen Leben, nehmen sich nicht wirklich wahr und setzen alles daran, dass ihre inneren Bilder wirklich werden.

- Gopi Krishna hat seine Leidenszeit im Buch «Kundalini» beschrieben. Er hatte durch Konzentration auf das 7. Chakra die Kundalini-Energie erweckt und in falsche Bahnen gelenkt. Er brauchte Monate, um sein Leben wieder in den Griff zu bekommen. Ein sehr dramatischer Bericht.

- Mystiker mit reinem Bewusstsein interessieren sich nicht für astrale Themen. Sie benutzen das Dritte Auge als Pforte und gelangen direkt in spirituelle Sphären. Deshalb haben sie den Eindruck, als befänden sich die spirituellen Sphären gleich «hinter» oder «über» dem 6. Chakra, was die Mystiker entsprechend als 7. Chakra bezeichnen. Tatsächlich halten sie sich in der Qualität von Ebene 12 auf.

- Die Epiphyse (Corpus pineale), die üblicherweise dem 7. Chakra zugeordnet wird, befindet sich fast auf gleicher Höhe wie die Hypophyse. Die Konzentration im Dritten Auge aktiviert deshalb beide Drüsen gleichermassen.

   Da die Epiphyse als Pforte in die geistige Welt betrachtet wird, ist ihre vitale Gesundheit von grösster Bedeutung.[13]

- Durch Konzentration auf die Schädeldecke gelangt man in die unterste astrale Ebene, in «Klein-Hänschen's-Paradies».

   Ich nenne es vielleicht ein wenig abschätzig so, weil dort alle Vorstellungen, Sehnsüchte und Phantasien platziert werden – nach den Jungfrauen, die einen nach dem Tod verwöhnen sollen, nach mit exquisiten Speisen reich gedeckten Tafeln ...

   Oft ersehnen sich Menschen auch ein «Paradies», in dem Flora und Fauna intakt sind. Es soll alles genau so aussehen wie auf der Erde, aber eben perfekt sein. Kein trübes Bächlein, kein verdorrter Baum, nicht einmal die Tiere würden sich gegenseitig auffressen, sondern friedlich nebeneinander leben.

   Der Traum von einer Welt ohne Probleme ist eine Illusion, die wir selber gestalten. Irgendwann werden wir ernüchtert daraus erwachen, mit grosser Wahrscheinlichkeit in einer neuen Inkarnation, um hoffentlich einzusehen, dass die biologische Realität eine andere ist.

   Dass der Stärkere den Schwächeren schluckt, ist eine Tatsache und Notwendigkeit. Es beginnt bei den Mikroorganismen, die wir im Darm, auf der Haut und in den Atemwegen haben. Ohne sie wäre unser Leben gar nicht möglich.

   Und was im Kleinsten geschieht, setzt sich bei Tieren und Menschen fort.

---

13 Der künstliche Süssstoff Aspartam (in NutraSweet, AminoSweet etc.) trägt zur Verkalkung dieser Drüse bei. Zuckerfreien Produkten und Medikamenten wird dieser Süssstoff beigegeben, obwohl unschädliche Ersatzprodukte zur Verfügung stehen würden. Die Herstellerfirma von Aspartam wurde von Monsanto übernommen.

Wer astrale Illusionswelten erschafft, wird nach dem Tod darin landen. Die meisten Verstorbenen und Astralwesen sind dankbar, wenn wir mit ihnen kommunizieren und ihnen zeigen, wie sie zu ihrer wahren spirituellen Essenz zurückkehren können. Das entsprechende Wissen haben sie längst vergessen. Sie brauchen Hilfe von aussen.

Ohne Beistand werden sie sich so lange in den Astralebenen aufhalten, bis sie erneut in einer Inkarnation landen. Das geschieht gemäss Karma und hat wenig mit freiem Willen zu tun.

Anzunehmen, dass wir von Verstorbenen, die sich in den Astralebenen aufhalten, hilfreiche Ratschläge bekommen könnten, ist illusorisch. Sie sind noch immer be- und gefangen. Sterben allein macht niemanden weise oder gar heilig. Im Gegenteil: Gerade die Verstorbenen in den Astralebenen haben unsere Hilfe nötig, um frei zu werden.

Zweite astrale Ebene: Ebene 8

Die 8. Ebene steht in Resonanz mit dem 2. Chakra. Damit sind die Themen der Ebene 8 klar: Sehnsucht nach Symbiose (Aufgehoben sein, Geborgenheit) und Sexualität. Auch dieses astrale Universum ist riesig – und gleichzeitig die berühmteste Falle auf dem spirituellen Weg. Es fühlt sich auf Ebene 8 so warm an, so geborgen, entspricht – vorerst zumindest – den emotionalen Sehnsüchten. Was soll daran falsch sein?

Auf Ebene 8 bieten sich folgende Möglichkeiten

Astrale Reisen:

Sie sind bekanntlich auf allen astralen Ebenen möglich. Auf Ebene 8 reisen wir mit der emotionalen Energie; mit den sexuellen Wünschen und Sehnsüchten oder mit dem Bedürfnis, irgendwo dazu zu gehören.

«Zugehörigkeit» bedeutet auf dieser Ebene immer, dass man einen Teil seiner göttlichen Vollendung vergessen muss, um den jeweiligen Kriterien zu entsprechen. 8er-Spiele lassen uns schnell unser spirituelles Potenzial vergessen.

Diagnosen stellen:

Sobald wir uns mit den Frequenzen auf Ebene 8 vertraut gemacht haben, werden wir fähig sein, die emotionalen Qualitäten anderer zu «sehen».[14]

Wir nehmen die Qualitäten einer Beziehung wahr: Sind die Beteiligten respektvoll, zärtlich, verständnisvoll, gleichberechtigt, abhängig, missbräuchlich? Wir erkennen, was sich auf emotionaler Ebene zwischen den Menschen abspielt.

---

[14] «Sehen» in nicht-materiellen Ebenen kann im weitesten Sinn bedeuten «geistig wahrnehmen». Viele haben eher ein inneres Wissen oder ein Gefühl. Meist ist dieses innere «Fühlen» allerdings diffus. Ich würde empfehlen, inneres Sehen zu üben; beispielsweise kannst du zum Höheren Selbst sagen: *«Gib mir ein Bild dazu!»*

Die meisten hellsichtigen Personen (Medien) blicken in die Ebenen 7 und 8 oder lassen sich von Wesen dieser Ebenen Informationen zukommen. Ihre Klienten interessieren sich meist vor allem für Gesundheit, Geldangelegenheiten und Beziehungen.

Den Klienten bleibt die Quelle der Informationen verborgen und wird häufig fälschlicherweise für spirituell gehalten. Sie befinden sich mitten in der astralen Illusionswelt. Spirituelle Wesen haben keinerlei Interesse an «Readings» oder Prophezeiungen. Ob die Informationen auch zutreffen oder gar hilfreich sind, ausser der Hoffnung, die sie wecken, ist ohnehin eine ganz andere Frage.

Heils-Arbeiten:

Heiler, welche auf Ebene 8 wirken, nehmen Einfluss auf die emotionalen Energien.

Die Gefahr der Abhängigkeit ist gross, weil «8er-Heiler» meist auch ihre eigenen emotionalen Bedürfnisse befriedigen und genährt werden wollen. Das ist ein Grund, warum sie auf dieser Ebene wirken.

Diese «astralen Magier» werden die Energie immer auch manipulativ einsetzen. Die Versuchung ist einfach zu süss. Würde kein Bedürfnis nach Macht und Manipulation bestehen, wären sie nicht auf dieser Ebene anzutreffen.

Und: Es braucht auch immer solche, die sich davon angesprochen fühlen. Der verführerische Blick eines charismatischen 8er-Magiers ist unübertroffen. Niemand sonst könnte so tief in unsere Seele schauen ... Seine/ihre Stimme ist melodiös, hypnotisch und scheint zu verzaubern. Für diese «Erlebnisse» ist schon mancher Suchende um die halbe Welt gereist.

In Gefahr verführt zu werden sind jene Menschen, die sich angesprochen fühlen, wenn «Wunderbares» geschieht. Zur Not werden die Wunder sogar erdichtet – schliesslich ist alles eine Frage der Interpretation.

Viele haben grosses Misstrauen oder gar eine tiefe Abneigung gegen die Methoden und vor allem gegen die Energie der Ebene 8, die sich wie dicker, klebriger Sirup anfühlt. Sie spüren, dass hier etwas nicht in der Wahrheit ist. Über spirituelles Heilen schreibe ich ab Seite 185.

Um ihre Ziele zu erreichen, setzen die astralen Magier auch gerne Bilder, Informationen, emotionale Eindrücke ins Energiefeld derjenigen ein, die sie manipulieren wollen. Diese Menschen haben dann plötzlich den Eindruck,

> *dass sie diesen Magier/diese Person von früher kennen,*
>
> *dass es gemeinsames Karma gibt*
>
> *oder gar gemeinsame Inkarnationen (Die entsprechenden Bilder werden gleich mitgeliefert ...),*
>
> *dass man also für einander bestimmt ist.*

Auf diese Weise werden Menschen verführt. Sie gehen davon aus, einen alten Freund gefunden zu haben. Eine solche Gelegenheit möchten sie nicht ungenutzt lassen, um mehr über sich zu erfahren, um die kosmische Bestimmung zu spüren. Und natürlich können sie sich nichts «Göttlicheres» vorstellen, als Sex zu haben mit dem Magier. Sein Ziel ist damit erreicht – denn diese Bindung hält; ausser das Opfer würde über gute geistige Werkzeuge verfügen, um diese Bindung wieder aufzulösen.

«Falsche Gurus»[15], denen es um ihr Ego geht und kaum um Wahrhaftigkeit, agieren lieber auf Ebene 8, selbst dann, wenn sie sogar über Fähigkeiten der Ebene 9 verfügen würden. Sie ziehen es vor, sich mit einer süssen, verführerischen Oberfläche zu tarnen. Damit haben sie vorerst mehr Erfolg. Würden sie ihre Fähigkeiten der Ebene 9 zeigen, würden viele Menschen gleich flüchten. Diese Fähigkeiten setzen die «Gurus» nur ein, wenn sie Angst verbreiten wollen. Das gilt für inkarnierte Menschen ebenso wie für Astralwesen.

---

15 «Guru» ist Sanskrit, bedeutet Lehrer und ist ein wertfreier Begriff. Es hat sich eingebürgert, dass bei uns vor allem missbräuchliche Lehrer missbilligend als Guru bezeichnet werden.

Emotionale Sehnsüchte

Die brennende Sehnsucht nach liebender Gemeinschaft, nach Zugehörigkeit und warmer Emotionalität – so denken und hoffen viele – sollte wenigstens im «Himmel» Erfüllung finden.

Und siehe da: In der 8. Ebene finden sie ein wohliges Nestchen. (Wir landen schliesslich immer zuerst in unseren eigenen Träumen.)

Falls du auf der Suche bist nach der «grossartigen Über-Mama», die für dich sorgt oder nach dem «wunderbaren Über-Papa», der alles so gut weiss, besteht grosse Gefahr, dass du dich nach irdischen Enttäuschungen in den entsprechenden astralen Illusionen verhedderst. Um das zu verhindern, ist es in den meisten Fällen sinnvoll, erst einmal die Befindlichkeit des 2. Chakras zu optimieren, wie ab Seite 56 beschrieben.

Es geht darum,

dass du lernst, dir selbst dein bester Freund/deine beste Freundin zu sein!

dass du deine emotionale Bedürftigkeit mit Selbstakzeptanz nährst und heilst.

So entsteht ein stabiles Fundament, das dich auch ein Stück weit davor bewahrt, auf die illusionären Verheissungen der Ebene 8 hereinzufallen.

Aber selbst mit erleuchtetem 2. Chakra ist es möglich, dass wir noch astrale Sehnsüchte haben und uns gerne auf die eine oder andere Art verführen lassen. Die Versuchungen sind vielfältig und in Ebene 8 ganz besonders süss und verheissungsvoll.

Spirituelle Wesen könnten uns als Vergleich dienen, um die Qualitätsunterschiede wahrzunehmen. Leider zeigen sich diese Wesen aber nicht auf Ebene 8.

Viele Verstorbene bleiben Hunderte oder Tausende von Jahren auf Ebene 8, bzw. gelangen nach jeder Inkarnation wieder dort hin. Ihnen bleibt die Möglichkeit versagt herauszufinden, wer sie sind, wie sie ihr Potenzial ausschöpfen könnten.

Astralwesen der Ebene 8 zeigen sich meist engelhaft. Sie beherrschen viele Techniken und Tricks und verstehen es bestens, den sehnsüchtig suchenden Menschen eindrückliche Erlebnisse zu vermitteln: Süsse Schauer, Kälte oder Hitze, Gefühl von enormer Expansion, vollkommenes Eins-Werden mit anderen, überwältigende Freude, sexuelle Erregung bis hin zur Ekstase ...

Diese Begriffe können nicht annähernd die Qualität der astralen Interaktionen beschreiben, die wesentlich eindrücklicher sind als das, was wir als Menschen auf der Erde erleben können. Es kann sich anfühlen wie eine Droge, auf die man nicht mehr verzichten möchte, auch weil der Eindruck entsteht, als würde sich eine direkte Verbindung zum Himmel öffnen ...

Kein Wunder leuchtet Leidenschaft aus den Augen jener, die sich auf dieser Ebene einlassen. Es ist das bekannte Strahlen mancher New-Age-Esoteriker ... – Können solche Gefühle denn lügen? Sie müssen doch wahrhaftig sein, wenn sie so tief berühren?

Und trotzdem sind sie illusionär. Sie schaffen Bindung, Abhängigkeit, machen klein – und haben deshalb nichts mit Spiritualität zu tun.

Es ist die «süsse Hölle» des luziferischen Vergnügungsparks in seiner besten Manifestation, verwaltet von unterdrückerischen Kräften. Die vormals sanften Engel werden plötzlich zu dunklen Dämonen, sobald man sich aus ihrem Reich befreien möchte. Die Hürden, die überwunden werden müssen, sollten nicht unterschätzt werden.

Erst wenn wir die Schattenseite der Abhängigkeit, das totale Ausgeliefert-Sein erfahren, können wir erkennen, dass die Qualitäten und Kriterien der Spiritualität längst auf der Strecke geblieben sind.

Jetzt brauchen wir jemanden an unserer Seite, der die Schritte in die spirituelle Freiheit schon gegangen ist.

Vergiss nicht, dass deine Befreiung machbar ist und dir zusteht.

Astrale Sexualität

Meist beginnt alles ganz harmlos. Der/die Geliebte ist weit weg oder ist gar verstorben. Wir sind erfüllt von Liebe und Sehnsucht und richten all unsere Aufmerksamkeit auf das andere Wesen. Sehnsucht wirkt wie ein Magnet, durch den die Wesen zu einander finden.

Erste astrale Begegnungen finden meist im Schlaf statt, wenn die Zensur ausgeschaltet ist. Nach dem Erwachen glauben wir, geträumt zu haben. Aber die Begegnung war real, wenn auch nicht materiell. Das andere Wesen war auch wirklich anwesend und zwar mit seinem Energiekörper, welcher auf der Ebene 8 relativ dicht ist.

Von wem die Initiative ausgegangen ist, lässt sich oft nicht feststellen. Die Begegnung ist das Resultat einer gegenseitigen Übereinstimmung. Wir spüren die Umarmung, den Kuss oder gar eine sexuelle Interaktion – aufregend, ekstatisch oder auch liebend, tröstend, heilend.

Das ist die nette Variante: Zwei Personen/Wesen, welche einander lieben und sich eine Begegnung wünschen und sie deshalb in der astralen Sphäre erschaffen. Es mag eine spannende Erfahrung sein, und solange das Spiel nur zwischen den beiden Liebenden stattfindet, bleibt alles überschaubar.

Allerdings besteht die Gefahr, dass sich astrale Kräfte einschalten und den Menschen die Kontrolle entgleitet. Die Emotionalität öffnet eine Tür, die ohne geistige Fähigkeiten nur schwer wieder geschlossen werden kann. So wird aus der Spielerei rasch eine ernst zu nehmende Falle.

Die gleiche Türe wird geöffnet, wenn wir sexuelle Begierden in der Phantasie ausleben. Wer glaubt, dass die Gedanken «frei» sind und es in Ordnung ist, andere Menschen in eigene mental-astralerotische Phantasien einzubeziehen, täuscht sich. Auch ein geistiger sexueller Übergriff wird als Irritation wahrgenommen und hat karmisch die gleichen Folgen, als wäre er in der materiellen Welt geschehen.

Zudem ist diese Art geistiger Aktivitäten für Astralwesen ein gefundenes Fressen. Sie schalten sich ein, heizen die Emotionen und Leidenschaften solange an, bis sie ausser Rand und Band geraten. Schliesslich «ernähren» sie sich von diesen Energien.

Die Astralwesen hinterlassen in unserem Energiekörper Spuren in Form von Bewusstseinsfünkchen, die jederzeit aktiviert werden können. Die Betroffenen wundern sich, was mit ihnen los ist, wenn sie quasi überfallmässig Lust empfinden.

Astralwesen werden immer versuchen, die Grenzen weiter auszudehnen und die Menschen zu lieblosen, abwertenden, illegalen oder gar kriminellen Handlungen zu treiben.

Das Gleiche wird, wie schon erwähnt, auch von Menschen gemacht. Mittels elektronischer Frequenzen kann jede erdenkliche Emotion geweckt werden.

Starke ethische Paradigmen können uns ein Stück weit schützen. Allerdings gilt es anzufügen, dass moderne MindControl-Techniken stärker sind als eine ethische Ausrichtung.

Die Frequenzen sind stark genug,

- um uns genau das denken zu lassen, was die Machthaber wollen,
- um uns fühlen zu lassen, was sie wollen,
- oder um uns handeln zu lassen, wie sie es wollen.[16]

Diese Tatsache ist schwer auszuhalten! Je stärker unsere geistigen Fähigkeiten entwickelt sind, desto besser sind unsere Möglichkeiten diesen Mechanismen entgegen zu halten.

Hilfreiche Informationen zu astraler Sexualität

Manche Menschen haben keinerlei Affinität für Ebene 8. Warum das so ist, weiss ich nicht. Aber ich weiss, dass das Leben mit Sicherheit einfacher ist, wenn diese Türe versiegelt bleibt.

Nur wenige verfügen über ausreichend geistiges Wissen, um sich nach einem Ausflug in diese Sphären wieder sauber zu befreien. Es

---

[16] Damit zitiere ich Barrie Trower. Er ist Experte für Mikrowellen-Kriegsführung. Du findest seine Vorträge und Unterlagen zu diesem Thema im Internet.

braucht wirkungsvolle Techniken und wenn möglich jemanden, der einen bei dieser Arbeit begleitet und unterstützt.

Der energetische Raum wird auch weitgehend versiegelt, wenn zwei Menschen in gegenseitiger Liebe und tragfähigem Vertrauen beisammen sind. Wenn sich beide entscheiden, ihre Liebe zu schützen, ist das sehr hilfreich.

Trotzdem haften sich manchmal astrale Wesen an, oder wir gehen in Resonanz mit emotionalen Feldern, die uns in unerwünschter Art vergröbern.

Reinige deinen energetischen Raum regelmässig.
Der Reinigung nach sexueller Interaktion kommt besondere Bedeutung zu – nicht weil dein Gegenüber oder die Sexualität an sich schmutzig wären, aber weil sich leicht astrale Wesen oder Bewusstseinsfünkchen einklinken.

Du kannst dein Energiefeld durchkämmen und alle Bewusstseinsfünkchen, die als Fremdbestimmung in deinem System sind, entlassen.
Bring andererseits zu dir zurück, was du in der Welt verstreut hast (Sehnsüchte, Anhaftungen, Emotionen aller Art).

Wisse: Jede sexuelle Begierde kann von aussen verursacht sein.

- Es kann sein, dass du Resonanz machst auf Signale in Werbung und Filmen.
- Es kann die Energie des 2. Chakras einer anderen Person sein, die dein eigenes 2. Chakra in Bewegung bringt.
- Es kann sein, dass dich eine Person bewusst oder unbewusst über die Ebene 8 beeinflusst.
- Es kann ein Astralwesen sein, das an Sexualität interessiert ist.
- Oder es können elektrische Frequenzen (MindControl) sein, die dich manipulieren sollen.

Wenn du einige Zeit ohne jegliche sexuelle Aktivität lebst, wirst du in Bezug auf diese Energien und deren Dynamik spannende Erfahrungen machen. Du wirst viel genauer spüren, was dich von aussen beeinflusst. Zudem wird sich deine Bewusstseinsqualität verändern, da sich die Energien in deinem System anders organisieren müssen.

Ein wirklich spannendes und lohnendes Experiment, das unsere Unabhängigkeit und Selbstbestimmung vergrössert.

Es geht mir nicht darum Spielverderberin zu sein!

Jedes einzelne Wesen ist vollkommen frei all die astralen «Vergnügungen» zu geniessen, alle Fähigkeiten und Spielereien auszuloten und jeder Neugierde nach zu gehen. Viele tun genau dies über grosse Zeiträume hinweg, denn erst, wer all der Spielereien überdrüssig wurde, ist motiviert, diese Ebene zu verlassen.

Ich schreibe für diejenigen, die spirituelle Freiheit und Erleuchtung anstreben und aus diesem Grund an klaren Unterscheidungskriterien interessiert sind.

Es sind wenige, umso wichtiger ist präzise Information.

Wie erkennt man eine wahrhaftige Lehrperson?

Seit Jahrtausenden gibt es Menschen, die spirituelle Vollendung verwirklicht haben. Wir brauchen das Rad nicht neu zu erfinden! Wir können von ihren Erfahrungen profitieren und es wird trotzdem unser ganz persönlicher Weg sein.

Leider waten viele Lehrer selbst in jenen Sümpfen, aus denen wir uns befreien wollen ...

Die logische Frage muss lauten:

Wie ist erkennbar, ob jemand fähig ist, uns auf einem wahrhaftigen Weg beizustehen?

Aus den Medien erfahren wir von schwarzen Schafen, von Egomanen, Narzissten und Psychopathen, bei denen die Schüler ihres Lebens nicht sicher sind. Das sind Ausnahmen. Die grosse Mehrheit gibt ihr Allerbestes.

Leider ist dieses Beste manchmal nicht gut genug! Wir sehen nur jene Dimensionen, die uns geistig zugänglich sind. Es könnten nicht alle gewesen sein. Zudem kann auch ein vollkommen erleuchtetes Wesen nicht für jeden Suchenden, in jedem Moment die beste Lehrperson sein.

Trotzdem möchte ich hier Unterscheidungskriterien aufzeigen, die mir besonders wichtig erscheinen:

- Wahrhaftige Lehrpersonen unterstützen die Schülerinnen und Schüler, damit sie ihre Persönlichkeit in Übereinstimmung bringen können mit der eigenen spirituellen Essenz.

- Es ist wichtiger, dass die Schüler lernen, ihrem eigenen Inneren zu vertrauen und nicht, einem Lehrer zu gehorchen. Wahrhaftige Lehrer führen dich in deine Autonomie und nicht in Abhängigkeit.

  Versuch zu ergründen: Nimmt dir der Lehrer alles ab oder lehrt er dich, selbst fähig zu werden?

- Ein wahrer Lehrer wird nicht dein Ego, also deine Eitelkeit stärken. Das tun nur Lehrer, die abhängige Schüler wollen. Und weil wahre Lehrer das Ego ihrer Schüler ins Leere laufen lassen, werden diejenigen von ihnen, die nach Glanz und Gloria streben, bald das Weite suchen.

- Wahre Lehrer begegnen dir auf Augenhöhe.
  Es geht ihnen nicht darum, andere zu dominieren und ihren eigenen Ruhm und ihr Image zu vergrössern.

Frage dich in Bezug auf deine mögliche Lehrperson:
- Ist eine gebende oder eine nehmende Haltung wahrzunehmen?
- Dient die Lehrperson dem Thema, dem Weg – oder sich selber?
- Fühlst du dich frei – oder fühlst du dich manipuliert?
- Auch schmerzhafte Erfahrungen können uns auf dem Weg weiter bringen.

Lies, wie es mir erging:

Ich hatte einst einen Lehrer, der fähig war, mich in einer Weise energetisch zu manipulieren, dass sich mein Herz-Chakra öffnete und ihn mit Liebe überschwemmte.

Für einen astralen Magier ist das kein grosses Kunststück. Er war erfolgreich darin und war deshalb umgeben von Frauen, die sich genau so manipulieren liessen wie ich. Er konnte einem das Gefühl vermitteln, auserwählt zu sein.

Interessanterweise sahen sich alle Frauen ähnlich: Sie waren blass, sanft, demütig, dienend ... Diese Art Schüler ist im Umfeld von vielen falschen Gurus zu finden. Unermüdlich nähren sie ihn mit ihrer Anbetung, Bewunderung und Liebe.

Ich habe gelernt und erkenne heute hungrige Energie-Vampire von weitem.

Diese Lektion war sehr schmerzhaft – und gleichzeitig sehr bedeutend. Kein Mensch ist ausschliesslich gut oder ausschliesslich schlecht! Ich lernte auch Erfreuliches, Aufbauendes, das ich teils noch heute anwende – und ich erfuhr Schmerzhaftes. Beides war nach der Auswertung förderlich auf meinem Weg.

- Wahrhaftige Lehrer wollen nicht auf ein Podest gestellt werden und erlauben nicht, dass man ihnen (physisch oder metaphorisch) die Füsse küsst. Nicht nur, dass es ihnen auf dem Podest nicht gefällt, sie wollen auch nicht, dass sich die Schüler klein machen.
- Wahrhaftige Lehrer sind im Kontakt mit der spirituellen Essenz und sehen dieses Potenzial in den Mitmenschen. Auf diese Weise kommt der gleichwertige Kontakt auf Augenhöhe zustande.
- Wer in Abrede stellt, dass es sehr kraftvolle und destruktive Wesen gibt, ist den astralen Herausforderungen noch nicht begegnet.
- Wer «die bösen Geister» mit magischen Attributen und Ritualen milde zu stimmen oder zu vertreiben versucht, vermag sich offenbar selbst nicht über den astralen Bereich zu erheben.

Eine spirituelle Person ist diesen Wesen gewachsen, weil sie über das nötige Wissen und umfassende Liebe verfügt.

Der wahrhaftige Lehrer wird dich all das lehren, deiner Kapazität und Geschwindigkeit gemäss.

Abhängigkeit durch Bewunderung

SchülerInnen kleben manchmal ihre Bewunderung an einen Lehrer.

Bewunderung ist Herz-Essenz, ist wie Blattgold, das wir an anderen Menschen festmachen. Es ist klar, dass wir uns von diesen Menschen kaum mehr trennen können, weil wir auch einen Teil von uns selbst abtrennen müssten.

In Beziehungen, die auf Bewunderung basieren, fühlen wir uns ausgeliefert, emotional abhängig und häufig unerwachsen – keine schöne Sache. Diese Art von Verbindung wird von falschen Lehrern meist auch gefördert. Die Abhängigkeit und das Gefälle, welches die Bewunderung schafft, sind nicht förderlich für den Lernprozess.

Falls solche energetischen Abhängigkeiten existieren, vielleicht die Verbindung zur ersten grossen Liebe, zu einem Idol, kannst du folgendermassen vorgehen, um sie aufzulösen:

> *Verstehe, dass das «Blattgold» aus deinen Bewunderungs-Fünkchen besteht, es ist deine Herz-Essenz.*
>
> *Wenn du dein sexuelles Begehren an jemanden klebst, ist das deine Energie des 2. Chakra. (Du weisst schon: Wenn Energie von dir, irgendwo da draussen klebt, bist du unfrei!)*
>
> *Bring die Fünkchen, die dir gehören, wieder zu dir zurück.*
>
> *Das mag abstrakt klingen, aber es wird geschehen, sobald du verstanden hast, worum es geht und du dich entschieden hast, es zu tun. Wenn es geklappt hat, wirst du die Veränderung deutlich wahrnehmen:*
>
> *Du fühlst dich jetzt gleichwertig, denn du stellst die andere Person jetzt nicht mehr über dich. Aus dem Idol ist wieder ein Mensch geworden – ganz ohne Vergoldung.*

Anerkennung oder Wertschätzung für jemanden zu empfinden, ist bestens in Ordnung. Wir tragen diese Gefühle in uns und sie fühlen sich auch gut an.

Sobald wir aber bewundern, fliesst ein Strom von Energie zum Idol. Dadurch werden wir kleiner.

Manche «Idole» haben sich an diese Extraportionen Energie gewöhnt. Sie sind Nahrung für ihr Ego: *«So toll! Alle jubeln mir zu. Ich bin einfach grossartig!»*

Andererseits gibt es Künstler, die durch ihre bescheidene und natürliche Art auffallen. Sie scheinen resistent gegen Bewunderung und gerade das macht sie so liebenswert.

Empfehlungen und Regeln

Sei besonders vorsichtig, wenn deine emotionalen Reaktionen für jemanden über die Massen stark sind.

Denk daran: Emotionen können kreiert werden, um dich zu beeindrucken und abhängig zu machen.

Nimm die Emotionen nie als Beweis für Wahrheit.

Überprüfe die gleichen Inhalte am nächsten Tag. Und nochmals am übernächsten – und wieder am Tag danach ...

Oh je! Nicht einfach, ich weiss.

Was wir selbst erfahren und verstanden haben, können wir auch bei anderen wahrnehmen und verstehen.

Dritte astrale Ebene: Ebene 9

Das Universum von Ebene 9 ist riesig und umfasst unzählige Zwischenebenen und Hierarchien, auf denen kleinere und grössere selbsternannte «Götter» regieren. Ganz oben befinden sich diejenigen, die von niemandem programmiert wurden, sondern sich selbst für diese Aufgabe entschieden haben. Sie sind so mächtig, dass sie uns anfangs keines Blickes würdigen. Ihnen müssen wir erst beweisen, dass wir ernst zu nehmen sind.

Es kann allerdings Jahre dauern bis wir ihnen begegnen. Sie treten erst auf den Plan, wenn wir durch unsere geistige Arbeit so stark geworden sind, dass wir ihr Spiel gefährden (könnten).

Da sich aber jeder auf Ebene 9 über alle Massen aufspielt, haben wir schnell das Gefühl, dass unser Gegenüber sehr, sehr mächtig ist. Mit etwas Übung lernen wir zu erkennen, wenn es sich lediglich um einen Befehlsempfänger handelt, der seinerseits abgewertet und programmiert worden ist. Nur wer zuoberst in der Hierarchie steht, handelt aus eigenem Entscheid.

Zahllose Hierarchien also, verschiedenste Spiele und endlos viele Wesen. Wenn uns diese Wesen angreifen, zeigen sie sich manchmal als Furcht erregende Teufel. Es kann auch sein, dass sie keinerlei Gestalt annehmen, dafür ist ihre energetische Präsenz so Angst auslösend, dass wir in Panik geraten. Der Körper geht in Schock, weil er wahrnimmt, dass er innert Sekunden zerstört werden könnte.

Für die 9er-Wesen sind Magie, Manipulation, Geheimhaltung und Lügen alltägliche Werkzeuge, mit denen sie meist ans Ziel gelangen. Sie demonstrieren Überlegenheit und wählen dasjenige Kostüm, das am meisten Erfolg verspricht, um ihre Gegner zu beeindrucken oder zu verängstigen.

Ganz wichtig: Vergiss nie, dass du ein freies spirituelles Wesen bist. Sie sind nicht DEINE Götter, wenn du ihnen dazu keine Berechtigung gibst.

Wenn dich ein 9er-Wesen erschreckt

Sollte dich ein solches Wesen erschrecken, meist geschieht dies in einem Traum, aus dem du mit klopfendem Herzen aufwachst, distanziere dich als erstes.

Nimm dich aus dem Kontakt! Nimm all deine Aufmerksamkeit zu dir zurück und sorge dafür, dass du ganz wach wirst.

Nimm dir Zeit, bewege dich, trink einen Schluck Wasser, finde deine innere Zentrierung.

Verbinde dich mit dem Höheren Selbst und stell deine Füssen fest auf den Boden.

Jetzt erst bist du bereit, dem Wesen auf Augenhöhe zu begegnen und ihm in Ruhe deine Rechte zu erläutern. Sag ihm:

Ich habe ein Recht hier zu sein und ich habe ein Recht frei zu sein. Dies ist unser aller Schöpfung. Du hast kein Recht über mich zu herrschen.

Dies ist die kurze Version, die Erste-Hilfe-Massnahme gewissermassen. Ab Seite 164 findest du mehr dazu.

Die Inkarnation in unsere verhältnismässig fragile menschliche Form hat uns weit entfernt von dem, was wir eigentlich sind. Draussen im Universum gibt es Wesen, die sich *nicht* mit einem biologischen Körper identifizieren und die im Vergleich zu uns unermesslich gross und fähig sind.

Natürlich macht das anfangs Angst!

Nicht alle zeigen sich in einer humanoiden Form. Es gibt auch reptiloide, aquatische, insektoide, katzenhafte oder Formen, für die wir keine Namen haben. Im Kontakt mit solchen Wesen fällt es den Menschen schwer, das Vertrauen in ihre eigene Stärke zu bewahren.

Durch geistige Arbeit, die uns das Fähig-Sein wieder in Erinnerung bringt, kommen wir aber auch in Kontakt mit Wesen, die ihrerseits dieses Bewusstsein nie verloren haben.

Es bewährt sich, jemanden an der Seite zu haben, der mit diesen Wesen umzugehen weiss. So können wir rückfragen und lernen, denn wir müssen fähig werden, diese Wesen mit Bewusstsein und Stärke zu konfrontieren. Ein Machtkampf hingegen wäre der falsche Ansatz.

Es ist die Meditation, die dich für diese Begegnungen ausrüstet.

Wenn du verstehen willst, was auf dieser Ebene, in diesen Sphären wirklich geschieht, und wie du dich über solche Geschehnisse erheben kannst, wende dich an eine Fachperson.

Wie «Götter» ihr Spiel definieren

- Wir regieren. Die andern gehorchen. Sie sind unsere Sklaven.
- Wir entscheiden. Die andern sind Befehlsempfänger.
- Wir nehmen uns das Recht, für andere zu entscheiden. Dieses Recht steht uns seit Beginn der Zeit zu.
- Wir sind übergeordnet. Die andern haben keine Bedeutung.
- Wir urteilen und bestrafen. Die Unterlegenen müssen erzogen und gedrillt werden.
- All das ist unser Recht, denn es ist unser Spiel und somit machen wir die Regeln.
- Wir sind Götter. Keine Frage. Und also sind es die andern nicht.

«Götter» positionieren sich, ohne dies in Frage zu stellen, an der Spitze der Hierarchie.

Wie spirituelle Wesen ihr Spiel definieren

Spirituelle Wesen machen zwar ähnliche Aussagen wie Götter, meinen damit aber etwas vollkommen anderes:

- Ich regiere nicht, sondern ich kreiere. Und zwar ein Spiel. Alle, die mögen, können daran teilnehmen.
- Ich entscheide für mich. Die andern entscheiden für sich.

- Wir entscheiden für jene, die es nicht können: Kinder, hilflose oder bewusstlose Menschen, die nicht mehr selbst entscheiden oder handeln können.
- Ich fühle mich nicht überlegen, bin mir aber meiner göttlichen Natur bewusst. Sie ist in ausnahmslos allen Wesen angelegt.
- Ich lehre, anstatt zu bestrafen. Ich wecke Verständnis und bin vor allem ein Beispiel.
- Im Spiel sind wir alle Teile eines ständigen Prozesses. Wir übernehmen die Verantwortung und geben das Beste.
- Wir alle sind göttlich. Göttlichkeit ist reine Liebe für alle und jedes.
- Wir stehen ein für Wahrhaftigkeit. Dazu braucht es Unterscheidung! Wir stellen uns nicht in den Dienst der Macht und geben der Eitelkeit keine Unterstützung.

Was wir über Ebene 9 unbedingt wissen müssen

Alle Wesen, die sich hier aufhalten, wollen Macht. Natürlich kommen sie, wie wir alle, aus der gleichen Quelle. Die obersten 9er-Wesen sind jedoch hier, weil sie hier sein wollen. Sie geniessen ihren grossen Einfluss und wollen ihn ständig wachsen sehen. Sie wollen siegen und beherrschen. Sie agieren nicht aus Spass und Freude, sondern weil sie Dominanz wollen. Dazu schöpfen sie ihre Machtmittel voll aus.

Dass ihnen dies gelingt, bzw. dass dies ihr Wunsch ist, bedeutet, dass sie sich vom spirituellen Seinszustand entfernt und sich statt für Liebe und Mitgefühl für Macht entschieden haben.

Mächtige Herrscher in Ebene 9 haben eine Gefolgschaft. Diese mag sich frei für diese Rolle entschieden haben. Die meisten aber glauben nur, dass sie aus freiem Willen handeln. Sie erinnern sich nicht, wie sie zu Sklaven programmiert und hypnotisiert wurden.

Die grosse Mehrzahl der Wesen in den astralen Ebenen sind ohnehin Untertanen, welche die Machtpyramide fraglos stützen.

Sie tun dies, um sich irgendwo zugehörig zu fühlen, denn dies gibt ihrer Existenz vermeintlich einen Sinn. Auch hoffen sie, eines Tages befördert zu werden und dem Machtspiel dadurch nicht mehr ausgesetzt zu sein. Leider werden sie höchstens in eine Sackgasse befördert. Sie sind auf dem Ab- und nicht auf dem Aufstieg.

Falls dir das alles irgendwie bekannt vorkommt, als würde es auch zu dieser Welt gehören, ist das kein Zufall, sondern lediglich die folgerichtige Fortsetzung des weltlichen Spiels auf astraler Ebene. Wenige merken, wie programmiert und versklavt sie sind. So geschickt ist dieses Spiel eingefädelt.

Gefühlskalte Psychopathen regieren die Welt

Es ist entscheidend, die astralen Geschehnisse und Zusammenhänge zu verstehen, denn hier auf der Erde finden die gleichen Dinge statt. Sie sind einzig kleiner dimensioniert, spielen gewissermassen eine Oktave tiefer.

Menschen, die ganz oben auf der irdischen Machtpyramide stehen, meist verborgen vor der Öffentlichkeit, sind verbunden mit Wesen von Ebene 9. Sie quälen sich nicht mit schwächenden Gefühlen wie Scham oder Reue. Die sind ihnen gänzlich fremd.

Sie ziehen die Fäden im globalen Machtspiel, verfügen sie doch über riesige Geldmengen. Um an begehrte Bodenschätze zu gelangen, werden wenig entwickelte Länder in die Schuldenfalle getrieben, so dass sie die Nutzungsrechte ihrer Rohstoffe abgeben müssen.[17] Indigene Völker werden vernichtet, Regenwälder abgeholzt, Weltmeere skrupellos verschmutzt und leer gefischt. Anstelle der natürlichen Wälder werden genmanipulierte Bäume, Palmöl oder Soja angebaut und dem Land wird durch diese Monokulturen riesigen Schaden zugefügt. Chemikalien werden in die Luft gesprüht, um das Wetter zu beeinflussen – möglicherweise auch noch für andere Zwecke.

Die Liste der Zerstörung, der Ausnutzung unseres Planeten ist sehr lang. Man fragt sich:

---

17 Pflichtlektüre: John Perkins «Bekenntnisse eines Economic Hitman. Unterwegs im Dienst der Wirtschaftsmafia.»

«Warum zerstören diese Menschen, denen dazu die Macht gegeben ist, unseren Planeten? Was ist ihr Motiv?» Die heute gängigste Antwort lautet: *«Weil es Psychopathen sind. Sie handeln skrupellos und scheinen sich am Schmerz und Leid der Menschen zu laben. Oder sie wollen die Weltbevölkerung massiv reduzieren.»*

Die Diskussion über das Thema «Psychopathie» ist vor allem in den USA voll im Gang. In Umgangssprache und öffentlicher Meinung bezeichnet der Begriff «Psychopath» hauptsächlich Serienkiller vom Typ eines Hannibal Lecter aus dem Film «Das Schweigen der Lämmer». Eine ganze Reihe von Studien und Autoren[18] haben gezeigt, dass Psychopathen in allen Gesellschaftsschichten und Berufen vorkommen. Der Psychopath, die Psychopathin kann unser Nachbar sein, die Mutter, der Vater, ein Kind, Partner oder Partnerin, ein Mitarbeiter oder ein Vorgesetzter ... Viele haben schon früh mit der Justiz zu tun oder hätten es, wären sie nicht so gute Lügner. Nicht alle Psychopathen sind schliesslich Mörder.

Trotzdem machen Psychopathen den Menschen in ihrem Umfeld das Leben zur Hölle. Es ist sehr schwierig in Gegenwart eines Psychopathen gesund und normal zu bleiben. Oft werden Angehörige oder Mitarbeitende eines Psychopathen depressiv. Es kommt bei ihnen vermehrt zu Burnout oder gar Suizid, da sie den Anschuldigungen, der Ausbeutung, der ungerechten Behandlung, der Situation an sich nicht beikommen können. Um nicht zu zerbrechen, entwickeln einige selbst psychopathische Züge.

Eine Welt, in der Habgier, grenzenloser Konsum und Verschwendung Erfolgsmodelle sind, werden psychopathische Verhaltensmuster geradezu gezüchtet.

Robert Hare und Paul Babiak[19] beschrieben die Kriterien dieser Zusammenhänge und kreierten den Begriff «Corporate Psychopath». Gemeint sind damit jene Psychopathen, denen es gelingt, in Unternehmen Schlüsselpositionen einzunehmen, um sich schadlos zu halten. Sie nutzen jede Gelegenheit für sexuelle Eskapaden, vor al-

---

18 Robert Hare und Paul Babiak, Kerry Daynes und Jessica Fellowes, Jon Ronson, Martha Stout, Thomas Sheridan u.a.

19 Robert Hare und Paul Babiak: «Menschenschinder oder Manager. Psychopathen bei der Arbeit».

lem aber schaffen sie Möglichkeiten, um das Unternehmen finanziell auszunützen oder gar zu unterhöhlen.

Noch hat bei uns das Wort Psychopath in dieser neuen Definition die Massenmedien nicht erreicht. Man nennt skrupellose Menschen allenfalls «ehrgeizig», «erfolgsverwöhnt», höchstens einmal «narzisstisch». Für mich war es eine Offenbarung, die präzise, neue Definition zu lesen, und ich finde es wichtig, dass mehr Leute darüber Bescheid wissen. Denn: Psychopathen bestimmen das Weltgeschehen.

Charakteristiken erfolgreicher Psychopathen:

Psychopathen können Frauen und Männer sein. Der jeweilige Anteil liegt bei 50%. Gemäss amerikanischen Studien werden 1 bis 4 % der Bevölkerung als Psychopath geboren.[20]

Psychopathen haben einen erhöhten Testosteron-Spiegel. Das macht sie zu Getriebenen, die ständig nach dem nächsten Kick suchen. Deshalb sind sie risikofreudig, entscheiden schnell, oft überraschend. Dadurch wirken sie – vorerst – durchaus überzeugend.

Psychopathen nutzen ihre Intelligenz, um ihr Gegenüber genau zu beobachten, zu analysieren. Dann aktivieren sie diejenigen Aspekte ihrer Persönlichkeit, mit denen sie die Schwachstellen des Gegenübers nutzen und erfolgreich manipulieren können. Psychopathen sind notorische Lügner und perfekte Chamäleons.

Man trifft Psychopathen in allen Gesellschaftsschichten und in allen Berufen. Keine Frage üben die Machtzentren der internationalen Finanz eine besondere Anziehung auf Psychopathen aus. Ihre Gier nach grossen Gewinnen und gleichzeitiger Anerkennung *ist ein gefährlicher Mix.* Sie gelangen dank ihres

---

20 Der Autor Thomas Sheridan warnt: «Angeboren heisst unheilbar. Renn weg, solange du noch kannst! Psychopathen sind sehr zerstörerisch - und ansteckend.»

selbstsicheren Auftretens in Kaderstellungen, oft ohne kritische Überprüfung ihres Lebenslaufs.

Für manchen Vorgesetzten scheint der charismatische, risikofreudige Bewerber, der so gepflegt wirkt, charmant ist und wortgewandt auftritt, genau der perfekte Mitarbeiter zu sein.

Psychopathen fühlen sich immer überlegen. Ihr unverfrorenes Auftreten lässt viele staunen. Psychopathen gehen skrupellos über Leichen und scheuen nicht davor zurück, falsche Gerüchte in Umlauf zu bringen, um den Ruf eines Menschen zu zerstören.

Die Vergangenheit des Psychopathen ist meist undurchsichtig. Ihre Erzählungen hinterlassen einen schalen Geschmack, weil man instinktiv spürt, dass etwas nicht stimmen kann.

Häufig unterhalten Psychopathen mehrere Beziehungen gleichzeitig. Sie sind emotionale Schmarotzer, die sich überall das holen, was ihnen gerade nützt. Um sich ein lohnendes Nest zu schaffen, ihr berufliches Vorwärtskommen zu gewährleisten, gehen sie auch eine Ehe ein, zeugen Kinder, für die sie aber nicht wirklich Verantwortung übernehmen...

Bevor ihre Betrügereien auffliegen, sind sie bereits wieder verschwunden.

Das Hirn eines Psychopathen arbeitet anders. Bei gesunden Menschen rufen Bilder von Leiden und Gewalt im Hirn ein Feuerwerk von Signalen hervor. Das Hirn des Psychopathen bleibt praktisch still. Seine Aktivität beschränkt sich auf das Reptilhirn. Psychopathen kennen keine Empathie. Sie haben keine Möglichkeit, das Leiden eines Menschen oder eines Tieres auch nur ansatzweise nachzuempfinden. Scham und Reue sind ihnen unbekannt.

Die entscheidende Schnittstelle zwischen den Welten

Wo die machtvollen Wesen von Ebene 9 und die Psychopathen dieser Welt aufeinandertreffen, befindet sich die Schnittstelle oder der Einlass in unsere Welt. Unethisches, liebloses, egozentrisches, destruktives oder manipulatives Verhalten wird nach meiner Erfahrung immer gestützt und verstärkt durch astrale Wesen. Das macht es auch so schwierig, dieser Art Verhalten wirklich beizukommen.

Erstaunlicherweise bin ich bei meinen Studien zum Thema «Psychopathen» überraschend oft auf die Meinung gestossen, Psychopathen täten uns letztlich einen Gefallen, weil wir nur durch sie unsere wirklichen Stärken entwickeln könnten. Durch sie würden wir erst lernen, wach und aufmerksam zu beobachten, klare Entscheide zu fällen, uns zu vernetzen, wirklich kreativ und innovativ zu werden etc.

Leider ja. Mit Blick auf meine persönlichen Erfahrungen kann ich diese Meinung nur unterstreichen! Im absoluten Vertrauen auf den innewohnenden vollendeten Kern, habe ich mehrmals mein Nein zu spät mobilisiert, zu spät eine Grenze gezogen.

In der polaren Welt gibt es immer beide Kräfte. Ihr einziger Nutzen ist es, dass wir an ihnen wachsen können.

Und so wirken die 9er-Wesen

Die 9er-Wesen finden immer eine Möglichkeit, Menschen wie Marionetten fernzusteuern. Es macht fast den Eindruck, als hätten sie ein Gerät zur Verfügung, mit dem sie Emotionen verstärken, Bilder, Handlungsabsichten oder gar Befehle vermitteln könnten, um so ihre Ziele zu erreichen. Aber Astralwesen brauchen dazu keine Geräte.

Sie haben die Fähigkeiten, direkt auf Energien Einfluss zu nehmen.[21]

Als höchste Hüter sorgen die 9er-Wesen dafür, dass die Erdlinge innerhalb des Orbits der Erde gefangen bleiben. Manchmal zwingen

---

21 Dafür haben die Menschen umso eifriger «Geräte» (für beeinflussende Frequenzen) entwickelt. Es sind die «nicht-tödlichen Waffen» der modernen Kriegsführung. Die entsprechenden heilenden Geräte wie Radionics, MindWaver u.a. haben eine wesentlich schwächere Wirkung.

sie auch Wesen in eine bestimmte Inkarnation, so dass sie Gefangene bleiben in «Luzifers Vergnügungspark», um bei dieser saloppen Bezeichnung zu bleiben.

Diese astralen 9er-Götter haben folgende Bereiche unter Kontrolle:

Banken, Versicherungen, das gesamte Finanzsystem
Chemie, Pharma, Biotechnologie
Gesundheitswesen
Unterhaltungsindustrie
Radio, TV, Printmedien,
Elektronische Kommunikation, Social Media
Schulen, Universitäten, Bildung und Erziehung
Militär, Geheimdienst
Politik
Religionen
Organisiertes Verbrechen, illegale Drogen

Die astralen Mächte lassen nur Unbedeutendes ungeschoren davon kommen. Ihr Regierungsprinzip heisst stets: *«Teile und herrsche.»*

Das System (die Matrix) ist überall. Aber es arbeiten selbstverständlich in allen genannten Bereichen und Branchen auch wohlmeinende, engagierte, gute Menschen, die sich aufopfern und ihr Bestes geben. Sie können sich nicht vorstellen, dass das Ziel der obersten Führung vor allem heisst, mehr und mehr Kontrolle zu bekommen.

Nur wer sich systemkonform verhält, wird vom System belohnt und darf erfolgreich sein. Die soziale Sicherheit, die eine Anstellung mit sich bringt, bezahlen wir mit unserer geistigen Freiheit.

Systemkonform ist, wer mithilft, die Lügen des Systems zu verbreiten, und wer das System nicht öffentlich in Frage stellt.

Und deshalb
- werden Kinder geimpft, trotz Nebenwirkungen und anschliessenden Erkrankungen
- werden Medikamente an unwissenden Patienten erprobt
- wird Saatgut genmanipuliert, obwohl sich keines der grossartigen Versprechen von MONSANTO und der GMO-Lobby bewahrheitet hat
- werden die Berichte über negativ verlaufende Versuche mit Ratten, die nach GMO-Ernährung schwere Tumore entwickelten, unterdrückt
- darf bald niemand mehr sein eigenes Saatgut weiter geben
- werden Atomkraftwerke als rentabel dargestellt, obwohl die Kosten für die sichere Endlagerung der Abfälle (Was immer das sein sollte, bei Halbwertszeiten von mehreren tausend Jahren ...) und für den Rückbau nicht mitgerechnet wurden
- werden Abfälle von Kernkraftwerken zu Munition verarbeitet, um damit Kriegsgebiete zu verseuchen, das Erbgut der Bevölkerung sowie die Erde zu zerstören
- werden alle möglichen Daten rücksichtslos gefälscht
- werden «Verräter» zum Stillschweigen gebracht. Wenn Verhöhnen und Drohen nicht helfen, werden Angehörige oder sie selbst «suizidiert», d.h. auf eine Weise umgebracht, dass es in den Medien als Selbstmord bezeichnet werden kann.

Wer wirklich Gutes tut, wird vom System ausgespuckt. Der Erfolg bleibt aus, die finanziellen Mittel versiegen. Oder es wird ein Grund gefunden, die Person vor Gericht zu stellen.

Wer hier lebt, kann nie ganz ausserhalb des Systems stehen. Das Netz wird zudem immer engmaschiger, die Versklavung nimmt zu!

Du kannst eine Heilmethode entwickeln, die wirksam ist.

Solange du im kleinen Rahmen, quasi im Hinterzimmer, arbeitest, wird dir nichts oder wenig geschehen. Wenn deine Methode wirklich gut ist und die Anerkennung wächst, wirst du sehr rasch gebremst und unterdrückt werden.

Die Machthaber lassen es nicht zu, dass auf billige, natürliche Weise Heilung angeboten wird.[22]

Aus dem gleichen Grund ist es in einigen EU-Ländern bereits verboten, im Garten Heilkräuter wie z.B. Salbei anzubauen. Mit hoher Geldstrafe hat in Frankreich zu rechnen, wer Brennessel als Heilkraut anpreist.

Saatgut mit Resistenz gegen Schädlinge wird verdrängt oder verboten. Anfälliges Saatgut ist lukrativer.[23]

Die Liste jener, die Geräte entwickelt haben und entwickeln, die mit «Freier Energie» funktionieren, ist lang. Viele wurden mit grossen Geldbeträgen zum Schweigen gebracht, andere sind umgebracht worden ...

Tatsache ist, dass nach wie vor kein Gerät frei erhältlich ist. Die Machthaber sind interessiert daran, dass die Abhängigkeit von fossilen Brennstoffen so lange wie möglich bestehen bleibt. So können CO_2 Abgaben und alle möglichen Steuern und Taxen kassiert werden.

Es ist wichtig, die Augen zu öffnen. Unsere Freiheit kommt uns in Riesenportionen abhanden.

Die Psychopathen sind an der Macht. Ihrem Kontrollsystem kann man sich schwer entziehen.

---

22 Ein Beispiel: «Cancer - The Forbidden Cures» ist als DVD erhältlich und auf YouTube zu sehen: http://tinyurl.com/kg6ldq2.

23 Siehe: Urzeitcode – Elektrofelder statt Genmanipulation.

Hier nochmals, damit es keine Missverständnisse gibt

Wir treffen in der Welt sehr selten Menschen, die mit Fähigkeiten der Ebene 9 operieren. Eine Person, die dich anbrüllt, tut das vermutlich vom dritten Chakra her. Das Brüllen wirkt immer etwas unerwachsen.

Macht dich jemand fertig, ohne wirklich laut zu werden, kommt das vermutlich von Ebene 5 oder allenfalls vom Intellekt (der eine Unterfunktion des 6. Chakras ist). Diese Person kanzelt dich ab, versucht dich zum kleinen Kind zu machen.

Die Ebene 9 wirkt tatsächlich überirdisch, man könnte sagen: höllisch. Meist spricht nicht die Person, die dir gegenüber steht, sondern ein astrales Wesen von Ebene 9, welches die Situation ausnützt.

Du erkennst, dass die Situation mit Ebene 9 zu tun hat, weil du merkst, dass deine Energie vollkommen anders reagiert. Bei «gewöhnlichen» zwischenmenschlichen Auseinandersetzungen bleibt deine Energie intakt. Die Begegnung mit Ebene 9 entzieht dir den Boden und diese Wirkung wird noch lange nachwirken.

Blicke also geistig hinter die Person! – Nimm wahr, was dahinter abläuft und behandle dieses Wesen so, wie ich es Seite 139 als Notfall-Intervention beschrieben habe.

Das war ein grosser Brocken. Höchste Zeit also, eine Pause einzulegen, um in Erinnerung zu rufen, wer wir wirklich sind.

Kosten wir die Süsse einer kurzen Meditation

Spirituelle Meditation trägt uns in eine vollkommen andere Frequenz.

Spirituelle Liebe heilt unsere Ängste. Wir erheben uns über sie und verschwinden vom «Kontrollmonitor» der astralen Götter.

Gerne nehme ich dich mit über den Bach – von den astralen Ebenen ans andere Ufer, in die spirituellen Welten …

Wer einen Bach überqueren will, hält Ausschau nach einem sicheren Stein in der Mitte des Wassers, um von da mit einem Sprung am anderen Ufer zu landen.

In der Meditation heisst der Landeplatz LIEBE und MITGEFÜHL.

Und hier sind die Zwischenschritte auf dem Weg:

- Vielleicht bist du traurig, weil du den Zauber der Spiritualität lange nicht wahrgenommen hast?
- Lass die Trauer eine Weile zu. Sie lässt sich zu Sehnsucht wandeln.
- Nimm die Sehnsucht wahr. Wonach sehnst du dich genau? Nach Frieden im Herzen? Nach dem Zauber der Glückseligkeit?
- Alle diese Qualitäten warten bereits in dir drin. Bleib dran, kontempliere auf die Sehnsucht, erlaube die Bewegung des Flusses, erlaube, dass der Wandel geschieht.
- Sehnsucht kann zu Dankbarkeit gewandelt werden.

  Und es gibt gute Gründe dankbar zu sein:

  Du erinnerst dich an deine spirituelle Natur, an deine geistige Heimat. Die meisten wissen nichts mehr davon, sind längst verloren gegangen in Programmierungen, Konditionierungen und Emotionen.

  Und ich bin sicher, dass es noch ganz viele andere Gründe gibt, dankbar zu sein.

  Dankbarkeit ist der Liebe sehr nahe.
- Nimmst du das kleine Licht im Dritten Auge und/oder in deinem Herzen wahr? Geniesse den «Liebesfunken» in dir, pflege ihn und halte ihn wach. Er spiegelt deine Essenz.
- Liebe deine Liebe und sie wird sich verhundertfachen.

  Sie wird dich nähren, wie nichts anderes es tun kann.
- Dies ist der Weg von Trauer über Sehnsucht und Dankbarkeit bis zur Liebe.

- Finde den Weg von Wut zu Liebe.

  Auch das ist machbar!

- Finde den Weg von Verzweiflung und Hoffnungslosigkeit **zu Liebe!**

Du kannst alle diese Wege finden. Wir können sie Schritt für Schritt gehen. Jedes Mal, wenn wir es tun, geht es etwas leichter.

Das Tor zwischen Ebene 9 und 10 ist ein enges Nadelöhr.

Wenn du die beschriebene Übung machst, lässt du unmerklich alles hinter dir. Ganz einfach, weil du dich auf anderes konzentrierst. Genau das macht dich frei genug, um das Nadelöhr zu passieren.

Geniesse es!

* * * * * *

Jetzt werde ich meinen Kopf auf mein Kissen legen, in die beschriebene Glückseligkeit hineinschmelzen und dort verweilen, während mein Körper schläft.

Gute Nacht!

* * * * * *

Zur Ebene 9 gibt es noch mehr zu sagen:
Zum Beispiel ist es wichtig, von Bündnissen zu sprechen.

Sie entstehen oft aus Unwissenheit und Naivität. Ich habe mich deshalb für einen dramatischen Titel entschieden ...

Mehr zu Ebene 9: «Der Pakt mit dem Teufel»

«Von allen Sünden ist mir die Eitelkeit die liebste», sagt der Teufel in «The Devil's Advocate» am Schluss des Films hämisch grinsend.[24]

Der Teufel weiss, wie leicht sich Menschen verführen lassen und wie schwer ihnen das Loslassen fällt, wenn sie sich in etwas verbissen haben. Oft merken sie zu spät, dass ihr Weg ins Verderben führt. So mancher Roulette-Spieler glaubt noch an den grossen Gewinn, nachdem er schon Haus und Zukunft verspielt hat.

Eitelkeit macht sich gern fest am schnellen Geld, an Luxus und Status. Offensichtlich öffnen sich damit Tür und Tor zu den «besseren» Kreisen. Was immer man dort anzutreffen, zu erleben meint ...

Aber es sind auch Eitelkeit und Dünkel im Spiel, wenn sich jemand nicht einfügen will und sich gegen jede Anweisung sträubt. So wichtig es ist, selbstständig denken und handeln zu können, so hilfreich ist es auch fähig zu sein, Anweisungen anzunehmen und sich anzupassen. Wir möchten ganze Menschen werden. Dazu gehören auch Eigenschaften, die sich gegenüber stehen, bzw. sich polar ergänzen.

Auch wer meditiert, kann der Eitelkeit zum Opfer fallen. Dies wäre der Fall, wenn wir uns innerlich seufzen hören: *«Ich bin ja so unglaublich erleuchtet!»*.

Schon der nächste Tag wird uns neue Herausforderungen bescheren. Wir werden gezwungen zu entscheiden und zu agieren. Und inzwischen wissen wir ja, dass jede Entscheidung, jede Handlung, jede Unterlassung sowohl Gutes als auch Schlechtes zur Folge hat.

Genau deshalb gibt es dieses «Ich habe es erreicht!» nicht wirklich.

Eitelkeit will die Unterscheidung: *«Ich besser – du schlechter.»*

Oder gar: «Ich gut – du böse.»

Gefühle der *eitlen* Überlegenheit[25] schaffen Feindbilder, Ungerechtigkeit, Rivalität, Betrug, Kampf. Das sind genau die Spiele, die von

---

24 von Al Pacino brillant gespielt

25 Es gibt auch eine *mitfühlende* Überlegenheit, wenn sich jemand stark genug fühlt, Verantwortung zu übernehmen, zu organisieren und zu leiten.

astralen Kräften nur zu gerne unterstützt werden, weil sie ihrem Motto entsprechen: «*Teile und herrsche*».

Den astralen Mächten kommt der menschliche Hang zur Eitelkeit natürlich sehr gelegen. Damit können sie kreativ spielen.

Und doch ist ihr wichtigster Zugriff auf den Menschen die Angst. Angst lässt sich leicht schüren. Angst macht uns klein und mutlos. Aus Angst lassen wir uns ausbeuten und sind bereit, uns Stück für Stück von unserer inneren Wahrheit zu entfernen, um wenigstens eine kleine Komfortzone zu retten.

Medizin und Pharma heizen diese Angst fleissig an, denn mit verängstigten und besorgten Menschen lässt sich viel Geld verdienen. So machen sie uns glauben, dass wir nur dank regelmässigen Untersuchungen, medizinischen Interventionen, Impfungen und Medikamenten körperlich und emotional gesund bleiben können.

Das althergebrachte Wissen um gesunde Lebensführung wird unterdrückt und in die Welt des Aberglaubens geschoben. Gleichzeitig wird der Aberglauben, dass Chemie mehr bewirken könne als Symptombekämpfung, zur Realität erklärt.

Im DSM[26], dem Handbuch der psychischen Störungen, wird das Netz immer enger geflochten. Egal, was Menschen empfinden oder durchmachen, es ist eine Störung. So wird selbst die Angst an Partys auf fremde Personen zuzugehen zum behandlungswürdigen Syndrom. Den Zustand «gesund» gibt es nicht!

Da es scheinbar für alles eine Pille gibt und auch eine Pille gegen die Nebeneffekte dieser Pille, bzw. eine gegen die Nebeneffekte jener, welche die Nebeneffekte behandeln sollte, sind Menschen mit mehr als drei Verschreibungen keine Seltenheit. So wird zwar niemand gesünder, aber das Geschäft läuft und die Verunsicherung wächst.

Neuerdings wissen wir auch, dass die im Urin ausgeschiedenen Medikamente und Hormone kaum aus dem Abwasser gefiltert werden können und deshalb wieder ins Trinkwasser gelangen ... Muss

---

26 Diagnostic and Statistical Manual of Mental Disorders

Leider nehmen immer mehr Menschen lieber Happy-Pills, als zu lernen mit ihren Emotionen umzugehen.

Wie kommt nun der Pakt mit dem Teufel zustande?

Wenn Menschen, um Angst zu lindern oder Egoabsichten zu erfüllen, geistige Kräfte bitten, anrufen oder befehligen, kommt ein Pakt mit dem «Teufel» zustande.

Manche mögen jetzt dagegen halten: «*Himmlischer Beistand steht mir doch aber zu!?*»

Genau damit zeigt das Ego seine Gier, seinen Anspruch. Und genau das ist es, was sich astrale Kräfte wünschen. Sie werden ihre Dienste anbieten. Meist liefern sie zu Beginn auch tolle Resultate, um das Bündnis zu festigen. Nach einer Weile aber wird mit den Abhängigkeiten gespielt. Das Geschäft läuft schlecht, man hat Verluste zu verzeichnen, es kommen Menschen in Gefahr, die einem nahe stehen, der Ruf ist plötzlich in Gefahr, die eigenen Kräfte schwinden durch Krankheit – und niemand beantwortet nun das flehende Bitten.

Wir müssen verstehen: Ausser dem Recht hier zu inkarnieren, steht uns nichts zu.

Was wir von der Gesellschaft erhalten, ist ein Geschenk. Die Gesellschaft gibt uns einen Vorschuss. Sie investiert in ihre Zukunft, denn gut ausgebildete Kinder werden später ihrerseits (hoffentlich) zum Wohlergehen der Gesellschaft beitragen.

Halten wir nochmals klar fest: Unser Aufenthalt auf der Erde kostet uns alle viel Lehrgeld in Form von Rückschlägen, Enttäuschungen, Verlusten. So manche naive Begeisterung wird früher oder später brutal zerstört und wir stehen mit leeren Händen da.

Es ist eine Binsenwahrheit, dass es gerade diese Erfahrungen sind, die uns weiter bringen. Nur geschieht selbst das nicht automatisch!

Damit wir an unseren Erfahrungen wachsen können, müssen sie nicht nur ausgewertet werden, sondern müssen sozusagen eine alchemistische Umwandlung durchlaufen:

Der angesammelte Schmerz, der unser Herz wie Blei belastet, muss erst in Gold verwandelt werden. Das braucht Zeit, Einsatz, Intelligenz und Hingabe an den Prozess, sonst werden wir einfach nur älter. Weisheit gibt es nicht kostenlos.

Gerade wenn der Schmerz unerträglich erscheint und wir die Frage in uns tragen: «*Wo soll ich meinen geistigen Ausgangspunkt positionieren, um mit grösserer Weisheit und umfassenderer Liebe das Geschehen zu verstehen?*», kann sich unser Bewusstsein zu etwas öffnen, von dem wir nicht wussten, dass es existiert.

Wer einen sprituellen Weg geht, wird auf allen möglichen Themen geprüft:

- Die Angst um unseren Ruf und unsere Glaubwürdigkeit (3. Chakra) ist nahe verwandt mit dem Thema Eitelkeit.
- Die Angst einen geliebten Menschen, die eigenen Kinder oder den besten Freund zu verlieren (2. und 4. Chakra) macht uns emotional erpressbar.
- Am Schwersten trifft es uns, wenn unser eigenes Überleben in Gefahr ist (1. Chakra). Es ist die Angst vor Sterben und Tod.

Diesen Herausforderungen gilt es zu begegnen, indem wir

- lernen, dass wir nicht allen gefallen können. Wir dürfen aber vertrauen, dass viele über genügend Intelligenz verfügen, um nicht auf Gerüchte herein zu fallen.
- emotional möglichst autonom werden, und, statt in symbiotischer Verbindung, auf eigenen Füssen stehen. Jeder einzelne Mensch hat seinen eigenen Lebensweg. Besitzansprüche sind nicht förderlich.
- lernen, die Sterblichkeit in den Lebensplan zu integrieren. Spirituelle Meditation nimmt dem Tod den Stachel.

So werden unsere Widersacher und Herausforderer zu unseren besten, aber auch strengsten Lehrern.

Aber wieder zurück zum «Teufel», also zu jenen Wesen, deren Absicht es ist, das Machtspiel mit einem möglichst grossen Reich und möglichst vielen Untergebenen aufrechtzuerhalten.

Astrale Bündnisse können sehr lange andauern. Sie sind manchmal nicht in Erdenjahren messbar. Wie immer sie zustande gekommen sind, eine Veränderung ist erst möglich, wenn die Wesen nicht mehr länger versklavt sein wollen. Es ist zu hoffen, dass sie dann einen Weg finden sich zu befreien.

Wer nicht weiss, wie sich wahre Freiheit, vollendetes, erleuchtetes Bewusstsein anfühlt, kann auch nicht die richtigen Fragen stellen. Hier sind gute Vorbilder hilfreich. Jemanden an der Seite zu haben, die/der den Umgang mit solchen astralen Bündnissen kennt, ist meist unumgänglich. Es ist schwierig. Und der Grund dafür, dass viele Menschen Gefangene eines selbsternannten Gottes bleiben.

Die Maskerade dieser Selbsternannten ist so perfekt, dass sogar ihre Existenz in Abrede gestellt wird.

Die tiefgreifendsten Bündnisse, also einseitigen Abhängigkeiten habe ich meist im Zusammenhang mit «Geistheilung» gesehen. Viele Heiler verfügen über ein nicht zu unterschätzendes Ego (Eitelkeit), gehen er oder sie doch davon aus, in irgendeiner Weise auserwählt zu sein. Der Verheissung, durch eine Methode, wie beispielsweise Reiki, zu kraftvollen Heilerkräften zu gelangen, wollen sie nicht widerstehen. Durch ihre Einweihung erhalten sie Zugriff zum grossen astralen Reiki-Energiepool. Diese Energie verleiht der Methode Wirkung.

Inzwischen hat es sich herumgesprochen, dass diese Methode nicht ganz harmlos ist. Der Pool wird nämlich sorgfältig verwaltet. Wer ihn benützt, wird ihn fortan auch füllen müssen. Das geschieht vor allem nach dem Tod, wenn die Wesen zu Gefangenen dieses astralen Spiels werden – und so ist Schluss mit der spirituellen Freiheit.

Abhängigkeit oder Freiheit bei Heilertätigkeiten

Ich weiss natürlich, dass die meisten Geistheiler beste Absichten haben. Für sie ist es schlicht nicht nachvollziehbar, dass himmlische Wesen, bzw. ein wohlmeinender «Gott» nicht ebenso viel Mitleid mit leidenden Menschen hat wie sie selbst. Deshalb sind sie überzeugt, dass ihre Arbeit ausnahmslos gut ist. Ihnen fehlt das Verständnis dafür, dass «Göttliches» alles umfasst. Wirklich Spirituelles wertet nicht zwischen Gut und Böse, hat diesbezüglich keine Meinung, keine Präferenzen, es verhindert nicht, fördert aber auch nicht. Diese Aspekte gehören alle zum Astralbereich.

Durch eine Heilertätigkeit, die mittels «geistiger» Kräfte von aussen eingreift, wird die Aufmerksamkeit der Patienten grundsätzlich in eine falsche Richtung gelenkt:

- Es entsteht Abhängigkeit.
- Der Glauben an eine Macht, die man nicht versteht, wird gefördert.
- Die Verantwortung wird an «himmlische Kräfte» abgegeben, die aber astral sind. Dadurch machen wir uns selbst klein.
- Man versäumt, selbst Verantwortung zu übernehmen.
- Man versäumt, die Sprache des Körpers wahrzunehmen.
- Man versäumt, die Erkrankung als Herausforderung für das eigene Wachstum zu nutzen. Wie können wir so je unsere innewohnende Vollendung erfahren?
- Man lernt keinerlei Techniken, sich selber zu heilen.
- Oft entsteht die Idee, göttliche Gnade abverdienen zu müssen. Kein Wunder ist man später enttäuscht oder zornig, wenn die Gnade trotz des «Abverdienens» nicht gewährt wird.

Geistige Kommunikation ist das A und O

Die Fähigkeit geistig zu kommunizieren verändert alles und ist bei jeder Art von Heilung von grundlegender Bedeutung.

Kommunizieren bedeutet aber nicht zu wünschen, zu fordern, zu bitten oder zu beten. Dabei werden auch viel zu viele Worte gesprochen – oft schaffen sie Verwirrung oder bewirken kaum etwas ... Wirkungsvolle, geistige Kommunikation ist etwas ganz anderes.

Geistige Kommunikation besteht vor allem aus Zuwendung. Mit liebevoll tröstender Haltung gehen wir sehr nahe zu unserem Gegenüber – und lassen ihm gleichzeitig unendlich viel Raum. Unsere persönlichen Meinungen, Schlussfolgerungen, Vorurteile, Ängste oder Vorstellungen haben jetzt keine Bedeutung. Sie stören den Prozess in verschiedener Weise und vernebeln unsere klare Wahrnehmung. Wir lassen sie daher weg.

Wenn es um Heilung geht, kommunizieren wir zum Beispiel mit den Zellen. Das geschieht ohne Worte.

Öffne dein Herz und sei mit dem, was ist. Geh' ganz nahe – und gib ganz viel Raum. So wirst du geistig wahrnehmen.

Die Zellen werden ihre Emotionen und Bilder zeigen. Manchmal sind es traumatische Unfälle, manchmal Operationen, die sie verwirrt haben ... Durch unsere Anteilnahme können sie schliesslich ihr Trauma loslassen und wieder besser funktionieren.

Muss ich noch ausdrücklich erwähnen, dass sich diese Methode nicht nur beim Zellbewusstsein bewährt?

Wir *sind* Bewusstsein und wir kommunizieren mit Bewusstsein. Ob das Gegenüber nun eine Gruppe von Zellen ist, Nahrungsmittel, Materie, Tiere, Pflanzen, Kinder, Erwachsene, Verstorbene, Naturwesen, Aliens – es macht keinen Unterschied.

Allerdings sind die Wesen von unterschiedlicher Grösse. Wir müssen uns anpassen, damit die Kommunikation funktioniert. Das ist einfach. Grösse hat nämlich keine wirkliche Bedeutung, sondern ist wie Luft, mit der wir einen Ballon mehr oder weniger füllen.

Die Regeln der Kommunikation bleiben immer gleich:

- Wir arbeiten nie über jemandes Kopf hinweg. Das wäre Einmischung und Besser-Wissen.

  Wenn ich mit Klienten arbeite, orientiere ich sie im Gespräch. Sind die Wesen, mit denen ich arbeite, nicht körperlich zugegen, biete ich im telepathischen Kontakt an, ihnen bei ihren Beschwerden und Problemen beizustehen. Nur wenn sie es wünschen, arbeite ich mit ihnen. Meist reagieren sie erleichtert auf meine Kontaktaufnahme und machen begeistert mit.

- In der telepathischen Begegnung sehen sie mich in meiner Ganzheit und erkennen sofort, dass ich keinerlei manipulative oder destruktive Absichten hege.

- Ich erteile nie Aufträge an die Zellen oder an die Körperintelligenz, leiste ihnen auf die gleiche Art Beistand wie den Wesen.

- Ich respektiere ihren freien Willen.

  Alles, was Bewusstsein hat, hat ein Recht auf freien Willen. Wenn wir etwas Positives anzubieten haben, wird es auch begeistert willkommen geheissen.

  Zwang hingegen, auch wenn er subtil ist, schafft immer Karma.

- *Das Geheimnis des therapeutischen Prozesses ist das Vakuum* – denn Schmerz und Leiden erzeugen Überdruck.

  Gegendruck ist nicht sinnvoll. Dagegen stelle ich einen Raum zur Verfügung für den Schmerz, den Schock, die Angst, die Hilflosigkeit und Verwirrung der Zellen.

  Genauso mache ich es auch bei Wesen.

- Nun lasse ich mir erzählen, was geschehen ist. Ich höre mir quasi die Sorgen der Zellen an. Diese Kommunikation ist nonverbal. Die Zellen zeigen mir ihre Bilder und ihre Gefühle also ihren ganzen inneren Film.

- Wenn der Kontakt verständnisvoll und warm ist, wird sich das Bewusstsein (von Zellen, Körperintelligenz oder Wesen) verstanden fühlen, sich dabei entspannen und aufatmen! Das ist selbst für einen Anfänger gut wahrnehmbar.

- Jetzt erst kann ich Methoden anbieten. Die Zellen werden selbst wählen, was sie brauchen, um sich zu heilen.

Das gewünschte Heilmittel kann sein:

- Eine Rückführung; wenn das eigentliche Trauma weiter zurück liegt. Das Trauma muss nochmals genau angeschaut werden, bevor der gesunde Zustand, welcher davor bestand, wieder rehabilitiert werden kann.
- Ein Heilmittel wie Wickel, Kälte, Wärme, Kräuter, Homöopathie, Vitamine, Mineralstoffe etc.
- Die Zellen zeigen, wovon zu viel oder zu wenig da ist.
- Die Zellen geben Unverträglichkeiten an z.B. mit Stoffen in der Nahrung, der Körperpflege oder der Umwelt.

Ziel dieser Kommunikation mit den Zellen ist es, das Bewusstsein zu befähigen, mit Situationen, Fragen, Störungen richtig umzugehen.

Und: Wahre Heilende wollen niemals tolle Zauberkünstler sein.

In der Regel wird für die Auflösung einer Situation geistiges Wissen gebraucht. In unserem Tagesbewusstsein haben wir dieses Wissen zwar nicht zur Verfügung. Wer wüsste schon wirklich, was alles geschehen muss, damit ein Knochen wieder zusammen wächst. Wir können aber den Kontakt zu diesem Wissen schaffen.

Dieses «Bauplan»-Wissen ist im geistigen Raum erreichbar.

Alle diese Techniken brauchen Übung. Die Kommunikation mit den Zellen und der Körperintelligenz ist nicht ganz einfach, aber lohnend. Am besten übt man bei kleineren Wehwehchen wie Erkältung, Kopfschmerz, wenn man sich gestossen, geschnitten oder sonst wie verletzt hat.

Nach jedem erfolgreich verlaufenen Heilungsprozess ist das Vertrauen in die eigenen Fähigkeiten gestärkt, die Kommunikation zum Körper gefestigt.

Natürlich gibt es Situationen, die eine notfallmässige Intervention mit klassischer Medizin erfordern. Dann ist es reichlich spät zum Üben. Aber wir können trotzdem den Heilungsprozess mit geistiger Kommunikation beschleunigen und werden erstaunt sein über die raschen Erfolge nach Unfällen oder Operationen.

Allopathische (klassisch-medizinische) Medikamente unterdrücken Symptome und greifen künstlich in die Körperfunktionen ein. Das kann manchmal nötig sein, allerdings reagiert die Körperintelligenz nie begeistert auf ein solches Angebot. Wenn man sich daran gewöhnt hat, ihr den freien Willen zu lassen und sie lediglich zu unterstützen, wird man für Heilsprozesse in den meisten Fällen andere Wege finden.

Gute Kommunikation mit Zellen und Körperintelligenz ist die Basis für Heilung!

Sie verhilft auch zu einem sanften Sterbeprozess.

Einzelne Heiler schaffen es frei zu bleiben oder frei zu werden. Es sind diejenigen, welche die spirituellen Prinzipien verstanden haben und danach handeln.

Sie haben die Eitelkeit hinter sich gelassen, bleiben verbunden mit ihrer spirituellen Essenz, akzeptieren Sterben als Möglichkeit, nehmen ihre persönlichen Wünsche zurück und versprechen keine Wunder!

Und genau dies entzieht den Astralwesen die Landefläche.

Dort, wo wir unsere egoistischen Ansprüche haben, werden uns die astralen Kräfte in Versuchung führen.

Dankbarkeit rettet uns vor der Egofalle.

Befreien von Wesen

Weltlich betrachtet, macht uns ein spiritueller Weg einsam, weil die Möglichkeiten zum gegenseitigen Austausch immer weniger werden.

Gleichzeitig aber beginnt sich unser geistiger Raum zu bevölkern. Immer wieder bekommen wir es mit Wesen aus dem geistigen Raum zu tun. Wir ziehen diese Wesen an wie die Blume die Biene.

Sobald wir geistige Präsenz entwickeln, werden wir sichtbar. Daran wirst du dich erst gewöhnen müssen. Zu lernen, wie wir mit Wesen umgehen können, ist deshalb absolut essentiell.

Ich füge dieses Thema hier ein, weil sich die Wesen (Ahnen, Verstorbene, Orientierungslose etc.) im Astralraum befinden. Zudem besteht eine gewisse Dringlichkeit, da ich nicht möchte, dass sie dich in Angst und Schrecken versetzen. Es wäre sehr zu bedauern, wenn du dich durch solche Begegnungen vom spirituellen Weg abhalten liessest.

Später, wenn du selbst den Weg bis zum Numinosen gegangen bist, wirst du auf souveräne Art mit diesen Herausforderungen umgehen!

Einige Hinweise im Vorfeld:

Bitte verschaff' dir erst einen allgemeinen Überblick und lies auf jeden Fall auch die Beschreibungen der spirituellen Ebenen.

Sorge dafür, dass du die Qualitäten der spirituellen Ebenen verinnerlichst.

Lerne die Themen der Ebenen kennen, meditiere... und du wirst die hier beschriebenen Schritte nachvollziehen können.

Früher oder später wirst du darauf zurückgreifen können und wirst hoffentlich ganz selbstverständlich das Gelernte anwenden.

Los geht's:
Die gängige Meinung ist, dass wir uns vor Astralwesen schützen sollen, weil sie böse und dunkel sind. Dafür wird meist zu magischen Mitteln gegriffen: Geister werden vertrieben mit Weihwasser oder Kreuzen, sie werden ausgeräuchert oder verbannt. Die absurdesten Mittel kommen zum Einsatz, viel Aberglauben ist im Spiel, man fühlt sich ins dunkle Mittelalter versetzt ...

Oder aber die Wesen werden ins «Licht geschickt». Das ist nicht wirklich hilfreich, wenn lediglich eine illusionäre Vorstellung von «hell gleich gut» besteht.

Ich vertreibe oder schicke niemanden. Ich zeige, was ich kenne und erfahren habe. Die Bestätigung, dass dieses Wissen hilfreich ist, kommt postwendend. Vormals dunkle, zornige oder abgewertete, ängstliche Wesen finden zurück zu ihrer ursprünglichen Qualität und zeigen sich strahlend, gross, erleichtert. Ihre Rückmeldung nach der Befreiung ist klar und unmissverständlich: Sie sind sehr dankbar wieder um ihr wahres Sein zu wissen.

Wir selbst können an diesen Begegnungen ungemein wachsen. Die so genannt bösen Wesen sind letztlich unsere besten Lehrer. Mit ihren Angriffen zeigen sie uns, wo es noch Schwächen zu bearbeiten gibt. Sie stellen dadurch unabsichtlich sicher, dass wir wirklich spirituelle Vollkommenheit erlangen.

Destruktive Wesen hören das übrigens nicht gern, schliesslich wollen sie uns ja behindern und nicht fördern. Zumindest solange nicht, wie sie selbst noch unfrei sind.

Und wir lernen viel über die geistigen Bereiche, weil uns die Wesen, die wir befreien, an ihrer Geschichte teilhaben lassen.

In der regelmässigen spirituellen Meditation lernst du die Ebenen zu unterscheiden. Aufrichtige geistige Arbeit an dir selbst (evt. mit Unterstützung) vertieft dein Verständnis für die Regeln und Gesetzmässigkeiten.

Es ist wichtig, Illusionen zu durchschauen. Die astralen Sphären sind voll davon. Aber auch vermeintlich spirituelle «Wahrheiten» können sich als falsch erweisen. Je sorgfältiger wir hinschauen und

Illusionen hinter uns lassen, desto freier werden wir sein. Frei, um in die verschiedenen Universen einzutauchen und sie jederzeit auch wieder verlassen zu können.

Diese Freiheit ist die Voraussetzung für die folgenden telepathischen Arbeiten mit unfreien Wesen.

Überprüfe, ob du mit dieser Anleitung zurechtkommst.

Solltest du nicht klarkommen, werde ich dir nach Möglichkeit beistehen und dir weiterhelfen.

Meine Einschränkung:
Ich arbeite nicht magisch. Es geht mir nicht darum zu kämpfen und andere zu besiegen. Ich reiche niemals Hand für Rache, Strafe oder Unterdrückung.

Jedes Wesen hat die gleiche Berechtigung hier zu sein und/oder frei zu werden. Ich arbeite nach spirituell-ethischen Regeln und biete das Wissen an, das befreien kann.

Telepathische Befreiungsarbeit Schritt für Schritt

Wenn ich auf Wesen stosse, suche ich weder nach Bezeichnungen noch Namen. Sobald ich weiss, auf welcher Ebene ein Wesen ist und/oder welche Absichten und Ziele es verfolgt, kann ich gezielt arbeiten.

- Auch hier gilt: Ich arbeite nie über den Kopf von jemand hinweg. Es ist weder sinnvoll noch ethisch, ohne das Wissen einer Person deren Fremdbesetzungen zu befreien. Es ist eine Einmischung, die lediglich Verwirrung schafft.

- Wenn ich für mich arbeite, bestimme ich, in welcher Ebene sich das fragliche Wesen oder die Gruppe von Wesen befindet. Manchmal ist dies für mein Tagesbewusstsein absolut offensichtlich. Andernfalls weiss es mein Höheres Selbst, sobald es Kontakt aufgenommen hat.

- Die Ebene definiert die Mächtigkeit der Wesen. Hier nochmals die Übersicht:

    - Auf Ebene 7 treffen wir z.B. auf desorientierte Verstorbene, die nicht gemerkt haben, dass sie tot sind, oder auf diejenigen, die glaubten, nach dem Tod sei alles fertig. Sie denken in der Regel in materiellen Begriffen und fürchten um ihr Leben, das sie bereits verloren haben.
    Häufig machen sich diese Wesen an unseren unteren Chakras fest und sind für manchen plötzlich auftretenden Schmerz im unteren Bereich des Körpers oder in Beinen und Füssen verantwortlich. Sie sind angsterfüllt. Wir nehmen sie wahr, weil wir uns selbst plötzlich und ohne Grund voller Angst fühlen.

    - Auf Ebene 8 treffen wir jene Wesen, die sich vor allem über Emotionen definieren. Sie fühlen sich einsam und verlassen, sehnen sich nach Geborgenheit und möchten Anerkennung. Möglicherweise haben sie schon Inkarnationen hinter sich, in denen sie abgewertet oder ignoriert wurden.
    Nun docken sie bei Menschen an, deren emotionale Qualität ihnen in Aussicht zu stellen scheint, wonach sie sich am meisten sehnen.
    Solche Fremdbesetzungen sind nicht so einfach zu entdecken. Wenn wir uns jedoch entgegen unserer eigentlichen Natur emotional seltsam schwer oder gar depressiv fühlen, obwohl dazu gar kein Grund vorliegt, lohnt es sich immer, entsprechende Fragen zu stellen.
    Auf Ebene 8 sind auch Wesen anzutreffen, die sexuelle Absichten haben. Auch hier gilt: Wenn sich unsere Sexualität zu verselbständigen scheint, lohnt es sich, nach Quellen der Beeinflussung zu suchen – auch im astralen Raum.
    Auch so mancher «Engel» oder vermeintliche «Jesus» spricht aus Ebene 8 und gehört befreit.

    - Auf Ebene 9 sind schliesslich jene, denen es um Macht geht. Die Schwächeren von ihnen gehorchen einem Befehlshaber und sind selbst abgewertet und in irgendeiner Weise programmiert. Diese Wesen erscheinen uns sehr mächtig, sind es aber nicht wirklich. Dies merken wir allerdings erst, wenn wir die Kraft aufbringen, ihnen Aug in Aug gegenüber zu stehen.

Wir haben durchaus die Möglichkeit schrittweise zu wachsen und unsere Kommunikationsfähigkeit zu verbessern. Wer die Herausforderung annimmt, wird schliesslich den Mächtigen begegnen, den selbsternannten Göttern, die an der Spitze der Hierarchie stehen.

Ihnen werden von den Menschen verschiedene Namen zugeschrieben: Teufel, Dämonen, Anunnaki, Reptiloide, Archons ... Aber es sind auch die Erzengel – und so mancher vermeintliche Jesus entpuppt sich als 9er-Wesen.

Das Jesus-Kostüm wird auch auf den Ebenen 7 oder 8 benutzt. Es ist gar Erfolg versprechend und deshalb beliebt. Und ja, ich weiss, das klingt blasphemisch. Aber ich kann nicht oft genug vor dem grossen astralen Maskenball warnen!

- Die 9er-Machthaber werden die Hierarchie sofort klar machen und sich über dich stellen. Oder sie werden dich ignorieren, wenn sie dich für nicht wichtig genug halten. Jetzt kommt es darauf an, ob du fähig bist, deine Gleichwertigkeit zu beweisen. Wir müssen Paroli bieten! Angst hat hier nichts zu suchen. Sobald du es aushältst, ihnen auf Augenhöhe zu begegnen, werden sie dich respektieren.

Und jetzt – aber erst jetzt – machst du erkennbar, dass du die Fähigkeit hast, dich über die astralen Ebenen zu erheben: Du zeigst dich so, wie du dich in der Meditation erfährst, z.B. in der Liebesqualität von Ebene 10.

Das alles wird uns gelingen, wenn wir in der Meditation die spirituellen Universen erfahren haben und wir durch regelmässige Übung in gutem Kontakt bleiben mit den spirituellen Bewusstseinsqualitäten. In der Meditation erfahren wir unsere Unversehrbarkeit, durch die wir auch diesen 9er-Wesen angstfrei begegnen können.

Bist du glaubwürdig, werden sie dich respektieren, sich sogar vor dir verneigen und sich dann entfernen. – Auf keinen Fall aber lassen sie sich bluffen!

Wenn ich also erst einmal die Ebene kenne, auf der sich das/die Wesen befindet/n, finde ich anschliessend heraus, was die Absicht ist:

a) **Hilfsbedürftige**

Es ist möglich, dass ein Wesen oder eine Gruppe von Wesen verzweifelt oder desorientiert ist und nach Hilfe sucht.

Die Kontaktnahme verzweifelter Wesen, die voller Angst sind, ist nicht weniger unangenehm, als der Angriff eines zornigen Wesens. Auch der Kontakt von ängstlichen Wesen verursacht oft Herzklopfen, Kopfweh, Brennen in der Blase, Durchfall ... Dennoch: was uns dunkel und böse erscheint, ist bei genauerem Hinsehen oftmals einzig Verzweiflung.

b) «**Böse**»

Es kann sein, dass mich das Wesen besiegen oder gar vernichten will. Dafür gibt es viele mögliche Gründe. Sie mögen zutreffen oder auch nicht:

- Das Wesen fühlt sich durch mein Tun gestört.
- Vielleicht habe ich sein vermeintliches Hoheitsgebiet nicht respektiert.
- Es will sich für ein Geschehnis rächen.
- Es fühlt sich gut, wenn es mich dominieren kann.
- Es will mich daran hindern, frei zu werden.
- Es erfüllt einen Auftrag.

Erst wenn wir das Thema kennen, können wir auch gezielt kommunizieren und die Situation auflösen.

Betrachten wir zuerst die Hilfsbedürftigen

Oft handelt es sich bei diesen Wesen um Verstorbene. Manchmal treffen wir sie einzeln an, manchmal kommen sie auch in Gruppen. Alle haben Schreckliches erlebt. Sie waren beispielsweise Flüchtlinge, Boatpeople, die Schiffbruch erlitten, oder Opfer von Kriegen, Folter, Ausbeutung, Katastrophen, Unfällen oder Krankheit.

Sie hatten Pläne für ihr Leben und fühlen sich um ihre Zukunft betrogen. Oft beklagen sie sich über die erfahrene Ungerechtigkeit und wissen nicht weiter.

Manchmal sind es Wesen, die nie auf der Erde inkarnierten. Ihre schrecklichen Erlebnisse hatten sie in den astralen Universen, wo diese in der Regel noch verstörender wirken als im irdischen Umfeld. Wir haben es auch hier mit Wesen zu tun, deren Erinnerung an ihr wahres Sein vergessen gemacht wurde.

Was wir tun können, um die Hilfsbedürftigen zu befreien

Wir hören ihnen aufmerksam und mit offenem Herz zu und geben dadurch ihrem Schmerz einen Raum in unserem Mitgefühl. Wir anerkennen die Wesen, nehmen sie ernst in ihrem Schmerz, entschuldigen uns stellvertretend für die Ungerechtigkeiten, die ihnen widerfahren sind.

Je aufrichtiger unsere Anteilnahme ist, desto einfacher ist es für die Wesen, den Schmerz hinter sich zu lassen.

Wenn die Emotionen ruhiger werden, teilen wir ihnen mit, dass das Leiden ein Ende hat, dass sie sich als Geistwesen vom ganzen Schmerz befreien können und dass wir ihnen zeigen werden, wer sie wirklich sind.

Dies ist der Moment, in welchem ich mich als das freie, lichtvolle Geistwesen zeige, als das ich mich in der Meditation erfahre.

Ich stelle mein gesamtes spirituelles Wissen zur Verfügung. Dadurch werden die Wesen an ihr eigenes Wissen erinnert.

Anschliessend gehen wir gemeinsam zurück in der Zeit bis zu dem Punkt, an dem sich diese Wesen ebenfalls als freie Wesen erfahren hatten. Denn: durch «Rückerinnerung gewinnen wir Bewusstsein» - in Anlehnung an den Titel meines ersten Buches.

Was wir wissen müssen, um mit «Bösen» umzugehen

«Böse» Wesen wissen genau, wo unsere Schwachstellen sind und kennen jeden Kniff, um ihre Schreckensherrschaft glaubhaft zu demonstrieren. Erst mit ausreichend Wissen und mit kraftvoller, energetischer Präsenz werden wir Paroli bieten können. Die «bösen» Wesen werden uns belügen. Es ist an uns, diese Lügen zu durchschauen.

Mit folgenden Aussagen operieren «böse» Wesen am häufigsten:

- «Du gehörst mir und ich herrsche über dich.»

  Zu wissen, dass wir nur uns gehören und im geistigen Raum niemand ein Recht hat, über uns zu bestimmen, wird uns Kraft geben. Wir werden also dieser Lüge mit Bestimmtheit widersprechen.

- «Du hast gesündigt und ich bin hier, um dich zu bestrafen.»

  Wer selbst bereits Karma aufgelöst hat, wird mit Selbstsicherheit antworten: «Lass meine Sünden ruhig meine Sorge sein. Ich übernehme volle Verantwortung für mein Karma. Es steht dir nicht zu mich zu bestrafen.»

- «Ich bin GOTT und bestimme, was hier geschieht.»

  Deine Antwort wird lauten: «Ich weiss, dass ich ein göttliches Wesen bin. Ein Wesen, das wie du herrschen und dominieren will, ist weit von Göttlichkeit entfernt. Lass mich in Ruhe.»

- «Ich werde dich vernichten, denn ich habe die Macht dazu.»

  Deine Antwort: «Ich weiss, dass du meinen Körper vernichten kannst. Allerdings wird dir das nichts nützen, denn als Wesen bin ich unsterblich und frei.»

- «Du hast dich in mein Spiel eingemischt und dafür bestrafe ich dich.»

  Vielleicht ist das Wesen zornig, weil wir ein Wesen befreit haben, das von ihm unterdrückt wurde. Haben wir ethisch sauber gearbeitet, können wir mit gutem Gewissen erklären: «Das Wesen wollte frei werden. Deshalb habe ich ihm mein Wissen angeboten. Es steht dir nicht zu, jemanden gegen seinen Willen gefangen zu halten.

  Ich habe ein Recht hier zu sein und auch ein Recht, mein Wissen anzubieten. Ich respektiere den freien Willen und du wirst es auch tun, denn uns allen steht Selbstbestimmung zu.

  Ich werde dein Spiel nicht zerstören und gebe dir nicht das Recht, mein Spiel zu zerstören.»

- Manchmal kann es geschehen, dass auch das «böse» erscheinende Wesen frei werden möchte. Selbstverständlich hat es das Recht dazu. Wir werden ihm die Hand reichen und ihm die nötigen Schritte zeigen.

Karma

Wesen, die zu dem Zeitpunkt zurückgeführt werden, da sie noch im Kontakt waren mit ihrer wahren spirituellen Natur, gelangen in einen Zustand von grossem Wissen und umfassender Liebe. Dies befähigt sie, ihr ganzes Karma und alles, was sie erschaffen haben, aufzulösen. Das ist nötig, um vollkommen frei zu werden. Selbst wer «nur» als Folge von Programmierung destruktiv gehandelt hat, trägt Verantwortung.

Wenn wir betrügen, unterdrücken, manipulieren oder uns destruktiv verhalten, wird die Zahl unserer Feinde immer grösser. Früher oder später werden sie mit ihrem Schmerz oder Zorn zu uns zurückkehren.

Und das ist gut so!

Auf diese Weise können wir erkennen, dass wir einen Teil der Schöpfung (Mitmenschen, aber auch Tiere oder Pflanzen) aus unserer Liebe und Verantwortung ausgeschlossen haben. Sie werden sich ihrerseits destruktiv in unsere Realität drängen, bis wir die Verantwortung übernehmen und uns aussöhnen.

Das Gesetz von Ursache und Wirkung ist ein physikalisches. Es ist unausweichlich und hat kein Verfalldatum. Die Energie, die wir in Bewegung setzen, wird zu uns zurückkehren. Was wir von uns abtrennen, wird zu uns zurückdrängen, denn wir sind spirituell gesehen alles und alle. Nur so werden wir unsere Vollkommenheit verwirklichen.

Diese Regeln gelten für alle: für Astralwesen, für Verstorbene, für Menschen, für dich und mich. Die Regeln sind von niemandem gemacht oder definiert worden, sondern entsprechen der Folgerichtigkeit, wie es die physikalischen Gesetze auch tun. Je mehr wir mit Wesen arbeiten, desto besser verstehen wir diese Logik.

Effizient auflösen können wir unser Karma, wenn wir den ganzen Weg bis zum Ende gegangen sind, das Numinose erfahren haben und uns wieder in unserer Vollkommenheit begriffen haben.

Dann wird es uns selbstverständlich sein, den Wesen (Opfern oder Tätern) empathisch zu begegnen. Wir werden mitfühlend zuhören, sie für den erlittenen Schmerz um Vergebung bitten, ihnen verzeihen und sie an ihre eigene, innewohnende Geistigkeit erinnern.

Auch bevor wir gestorben sind, können wir uns also befreien.

Die spirituellen Ebenen

Wer im Operationssaal arbeitet, lernt genau zu unterscheiden zwischen «drinnen» und «draussen». Drinnen gelten strenge Regeln, um keimfreie Arbeit zu gewährleisten. Es ist eine Welt für sich.

Ebenso getrennt von der Theaterbühne (materielle Welt) und vom Regieraum (astrale Ebenen) sind die spirituellen Universen. Sie sind in zahlreichen Aspekten **das pure Gegenteil** der anderen.

Folgender Text von Rudolf Steiner liess mich schon vor vielen Jahren aufhorchen. In «Mysterium des Bösen» schreibt er:

«Mit den Vollkommenheiten der sinnlichen Welt mag der Mensch – er gibt sich dabei allerdings auch einer Illusion hin – noch fertig werden; mit den Unvollkommenheiten aber, mit dem Bösen und dem Übel, wird er nicht fertig werden, wenn er nicht aufzusuchen vermag, inwiefern dieses Böse und das Übel in der Welt sein müssen.

Und er sieht ein, dass sie in der Welt sein müssen, wenn er sich sagt, es ist das Böse in der physischen Welt nur **deplaciert**.

Würden die Eigenschaften, die der Mensch ungerechtfertigt in der physischen Welt verwendet, und die dort Böses stiften, in der geistigen Welt angewendet werden, so würde er dort vorwärts schreiten.»

Das, wie Rudolf Steiner sagt, «Deplaciert»-Sein, bzw. die Unvereinbarkeit und Gegensätzlichkeit von Himmel und Erde, habe ich in «Gestrandete Engel» bereits erläutert. Ich wollte mit dieser kleinen Publikation jenen spirituellen Wesen Orientierung geben, die sich zwar entschieden hatten zu inkarnieren, um an diesem Schöpfungsspiel teilzunehmen, aber noch nicht ganz begriffen haben, dass hier nach anderen Regeln gespielt wird.

Viele sind daran zerbrochen oder haben sich selbst abgewertet, weil sie glaubten, nicht normal zu sein … Diesen gestrandeten Engeln möchte ich die Hand reichen und ihnen das Leben vereinfachen.

Es ist aber nicht nur schwierig, sich als spirituelles Wesen hier auf Erden zurecht zu finden, es ist vor allem schwierig, wieder zurück zu kehren in jene Sphären, wo alles so ganz anders ist.

Es gilt, ein sehr enges «Nadelöhr» zu passieren.

Der Übergang zu den spirituellen Sphären ist die am besten geschützte Grenze im ganzen Universum.

Nur wer fähig ist, alle Anhaftungen – zumindest temporär – hinter sich zu lassen, und genügend Sehnsucht und Liebe zur spirituellen Herkunft empfindet, wird – zumindest temporär – durch das enge Nadelöhr hindurch zu spiritueller Qualität gelangen können.

Mit anderen Worten: Durch das Loslassen von Anhaftungen verfeinern wir unsere Bewusstseinsfrequenz, bis wir uns in einem anderen Universum wiederfinden – das zwar am gleichen Ort ist, aber eine andere Schwingungsfrequenz hat.

Wer, selbst in der Meditation, versucht, mittels seiner wohl vertrauten linken Hirnhälfte alles Neue zu erfassen und zu benennen, bleibt auf einer groben Frequenz und wird nicht in die spirituelle Qualität gelangen. Für Vernunftmenschen ist es sehr schwierig, auf dieses vertraute Werkzeug zu verzichten.

Das ist sicher auch der Grund, warum manche zu Drogen greifen, welche das rationale Denken ausschalten. –

Obwohl ich weiss, dass einzelne ernsthaft Suchende mit Drogen eine Türe öffneten, die sie für ihre weitere spirituelle Arbeit nutzen konnten, würde ich Drogen niemals empfehlen. Zu viele sind schon auf Drogen in eine illusionäre Welt versunken, die mit Spiritualität absolut nichts zu tun hat.

Der mentale Prozess, das Fragen, Forschen, Reflektieren und Verstehen bildet eine wertvolle Vorbereitung für die Meditation. Wenn der Mind versteht, wird er ruhig. Geheimnisse dagegen halten ihn aktiv. Er will Lösungen finden, will verstehen.

Sich dazu zu zwingen, Unerklärliches zu glauben, bloss weil es ein Dogma ist, bedeutet eine Form von MindControl. Unsere Wahrnehmung wird korrumpiert und verwirrt, wenn wir gezwungen werden «Wunder» oder Unlogisches als Wahrheit anzunehmen.

Glauben heisst, nicht wissen; also nicht selbst erkannt oder erfahren haben. Ich halte blinden Glauben für destruktiv.

Eigene Erfahrungen wirken sich ganz anders aus. Sie geben uns Gewissheit. Das Risiko, dass wir die Erfahrung falsch interpretieren, bleibt noch hoch genug. Allerdings wird sich die falsche Interpretation irgendwann offenbaren.

Der Meditation ist das Links-Hirn-Denken hinderlich. Viel besser ist es, dem «Empfinden» zu lauschen und nachzuspüren. Ich rede von umfassender, subtiler Wahrnehmung, von einem stillen Präsent-Sein.

Solange uns in der Meditation Dinge gesagt werden, solange verbale Sprache existiert, befinden wir uns im Astralbereich. Sprache ist nicht existent in den spirituellen Sphären.

Die Funktion des Höheren Selbst

Die Ebenen 10, 11 und 12 bezeichne ich als Höheres Selbst.

> In der Meditation *werden* wir zu 10er, 11er oder 12er Wesen, also körperlos, engelsgleich. Wir werden eins mit der entsprechenden Qualität.
>
> Die direkte Folge: Wir können nicht mehr urteilen. «Gut oder böse» ist keine Frage mehr. Stattdessen erkennen wir, ob etwas der spirituellen Wahrheit entspricht oder davon entfernt ist.
>
> Anders ist es, wenn wir uns aus dem Tagesbewusstsein ans Höhere Selbst wenden. Dann bleiben wir die Person, die wir sind, Mann oder Frau. Wir blicken zum Höheren Selbst, um uns daran zu orientieren.
>
> Das Höhere Selbst, als eine Art Schutzengel, hilft bei einer Entscheidung. Achtung Falle: Das Höhere Selbst «antwortet» nicht verbal. Du wirst aber wahrnehmen, für welche Variante du mehr «Energie» bekommst.

Es ist zu empfehlen, in der Meditation auf eine bestimmte spirituelle Qualität – z.B. Mitgefühl – zu kontemplieren, uns also nach bestem Wissen heranzutasten und anzulehnen. Mit der Zeit werden wir eins mit dieser Qualität.

Es ist, als würden wir etwas Gelbes anschauen, bis wir feststellen, dass wir durch und durch gelb geworden sind.

Wir versenken uns in Mitgefühl oder Dankbarkeit oder einen Aspekt, den wir erleben möchten, um nach einer Weile festzustellen, dass wir zu dieser Qualität geworden sind. Je nachdem wie sehr wir uns davon entfernt hatten, wird dies mehr oder weniger Zeit in Anspruch nehmen.

Die Qualitäten der 3 spirituellen Ebenen

- Ebene 10 steht für Liebe, Mitgefühl und Erbarmen gegenüber der gesamten Schöpfung, dem grenzenlosen Universum.
- Ebene 11 steht für eine unbeschwerte und spielerische Qualität. Sie findet Ausdruck in ätherischen Klängen, Farben und Formen. Alles ist ein nie endender, freudvoller Tanz.
- Ebene 12 steht für ein Wissen, dem nichts verborgen bleibt. Wir erleben, dass nichts von uns getrennt ist. Wir können alles vollkommen durchdringen und deshalb vollkommen verstehen. Es gibt hier keinerlei Absicht zu handeln, denn: «Es ist wie es ist und alles darf sein.»

Bei jemandem, der nicht meditiert und dieses spirituelle Bewusstsein nicht wirklich erfahren hat, hat das ganze «Ich-frage-mein-Höheres-Selbst»-Gerede keinerlei Gehalt. Häufig erlebe ich, dass gar ein astrales Wesen als «Höheres Selbst» angesprochen wird und – seine Macht geniessend – Antwort gibt.

Manchmal ist es auch ein Anteil des eigenen Ego, der benutzt wird, um bestimmte Handlungen zu legitimieren.

Das ist in etwa so spirituell, wie wenn Fussballer den Rasen küssen, bevor sie spielen.

Die Grenze ist gut gesichert

Ich kann es nicht genügend betonen: Die Grenze zwischen Astralem und Spirituellem ist die am besten geschützte im ganzen Universum. Die Wesen werden mit allen Tricks gefangen gehalten.

Religiöse Bewegungen werden ins Leben gerufen und sind kurze Zeit später korrumpiert. Zum anfänglich Guten kommen durch astrale Kräfte immer Aspekte, die den Weg in die Freiheit verhindern. Denn Befreiung kann kein Gruppenunternehmen sein, das sich beispielsweise durch gleiche Kleidung, gleiche Lieder und insbesondere durch das Gefühl der Ausschliesslichkeit des vermeintlich richtigen Weges manifestiert. Befreiung liegt immer in der Entschiedenheit von autonomen Einzelwesen, auch wenn man sich selbstverständlich als Freunde beistehen wird.

Wachsamkeit ist von grösster Bedeutung.

Ein spiritueller Weg ist etwas sehr Persönliches, Individuelles und so unterschiedlich wie eines jeden Geschichte. Auf diesem ganzheitlichen Heilsweg müssen Verletzungen, Blockaden und Dogmen ausgeheilt und aufgelöst werden. Nur so ist es möglich, göttliches Bewusstsein zu begreifen und zu verwirklichen.

Weder das Vollziehen von Ritualen noch das gehorsame Befolgen von Anweisungen wird zum Erfolg führen, denn niemals wird «dort oben» jemand loben *«Gut gemacht! Brav!»* oder eine andere Gnade ausschütten. Wäre das so, wären wir nicht freie spirituelle Wesen, sondern lediglich Kinder.

Auf dem spirituellen Weg werden wir angetrieben von einem lebhaften Interesse. Wir dürsten nach Wissen und lassen uns nicht mit oberflächlichen Antworten abspeisen. Auf diesem Weg sind wir bereit Opfer zu bringen. Letztlich geht es darum, unsere innere Vollendung wieder zu finden.

Unterdessen wird der grösste Teil der Menschheit dem für sie vorgesehenen Programm folgen und mit Sklavenarbeit die Mittel erarbeiten, um damit ihren nie endenden Hunger nach oberflächlichem Konsum zu finanzieren.

Gut zu wissen, dass es in allen Religionen und bei allen Völkern einzelne Menschen gab und gibt, die Spiritualität begriffen und verwirklicht haben und die den Ausweg kennen. Jene, die den Weg gegangen sind, stehen der Welt als Beispiele zur Verfügung und verkörpern dadurch das Wertvollste, was es gibt. Meist ist es ihnen nicht wichtig, im Rampenlicht zu stehen. Wahre Suchende werden sie erkennen.

Das Problem ist, dass es diese wahren Suchenden kaum noch gibt.

Viel zahlreicher sind diejenigen, die rasch die süsse Zuckerpille der Erleuchtung schlucken möchten ...

Aber suchen? Arbeiten?

Gar jahrelang? Und täglich?

Sich regelmässig hinsetzen? – Und zwar nicht vor den Bildschirm, sondern in der inneren Zentriertheit??

Das System hat ganze Arbeit geleistet, um uns abzuhalten; nicht wahr?

Diejenigen, welche die Erforschung des Bewusstseins an erste Stelle setzen, und bereit sind, den Weg zu gehen, sind selten geworden.

Unser Leben fordert uns vieles ab. Da ist jede Inspiration hilfreich. Auch ich lasse mich gerne durch Bücher und Vorträge (YouTube ist voll davon) inspirieren, freue mich über jedes wache Augenpaar, über jeden Krümel Wahrheit. Sie geben mir das beglückende Gefühl, dass es da draussen Weggefährten gibt.

Du hältst dieses Buch in der Hand.

Das wird einen Grund haben ...

Und du bist vermutlich kein Anfänger mehr!

Ich gratuliere dir, dass du bis hierher durchgehalten hast!
Der schwierigste Teil liegt bereits hinter dir.

Vielleicht hast du ja bereits deinen kategorischen Entscheid getroffen und dabei gespürt, dass sich deine Bewusstseinsfrequenz sofort verändert hat, als es in dir drin etwa hiess:

«Ja, ich will einen Weg gehen. Ja, mir ist mein Bewusstsein wichtig. Ich will es erforschen, will mich über das Menschsein erheben, will Erleuchtung erfahren.»

Ist das Signal klar und nicht nur ein flüchtiger Gedanke, wird Beistand da sein. So funktioniert das geistige Gesetz.

Mitgefühl und umfassende Liebe auf Ebene 10

Sich in stiller Einkehr bei den spirituellen Qualitäten anzulehnen, ist sicher die beste Art, bei vollem Bewusstsein von unserer 3D-Welt zu pausieren.

- Nach sorgfältiger Arbeit mit den körperlichen, emotionalen, energetischen Belangen kann es leichter gelingen, die Identifikationen mit Körper und «Theaterrolle» abzustreifen.
- Wir erwachen ins Bewusstsein von Ebene 10 hinein und erfahren: Diese uneingeschränkt liebenden Wesen sind wir!
- Geniesse den Nektar der spirituellen Liebe.
- Es kann uns klar werden, dass diese Liebe das Stärkste ist, was es gibt, weil sie uns unverletzbar und unbesiegbar macht.

Wir sind unsterblich.

Unser physischer Körper bleibt natürlich verletzlich, ebenso wie der emotionale Körper. Er ist eine subtile Masse, kann verletzt oder festgehalten werden. Das spirituelle Wesen aber hat keinerlei Masse. Ihm stellt sich nichts in den Weg.

- Wer sich hier aufhält, hat persönliche Verletzungen und Absichten hinter sich gelassen. Geniesse es, diesen Wesen auf Ebene 10 nahe zu sein. Sie sind gute Vorbilder und es gibt viel zu lernen.
- Unsere Liebe wird wachsen und umfassender werden, bis wir schliesslich die gleiche Liebe für jedes existierende Wesen empfinden.

Das heisst nicht, mit den Handlungen von Egos einverstanden zu sein. Es geht darum, durch alle Schichten von Abwertungen, Programmierungen und durch alle karmischen Lasten hindurch ihren vollendeten Kern zu sehen.

Wir lieben das Wesen, nicht das Ego. Das Ego nehmen wir einzig zur Kenntnis.

Nein, ich sage nicht, dies geschehe im Leben: Dies geschieht in der Meditation.

Wir müssen den Weg finden, Persönliches hinter uns zu lassen, um zu einem objektiven Referenzpunkt zu gelangen. Wir wissen:

Probleme können nicht auf der Ebene gelöst werden, auf der sie entstanden sind. Und wir können sie nicht mit dem gleichen Bewusstsein lösen, mit dem wir sie erschaffen haben.

Auf Ebene 10 stehen wir ausserhalb der «Theaterbühne». Wir schauen zu, aber nicht wie der Regisseur, der von aussen Anweisungen gibt. Unsere geistigen Hände ruhen im Schoss. Wir sind wie Engel, die auf einer Wolke sitzen und das Spiel liebevoll beobachten, ohne selbst einzugreifen.

Wir erheben uns über die Probleme und stimmen unser «Instrument», unsere Wahrnehmung, unser Bewusstsein neu. Der spirituelle Seinszustand ist nicht gefärbt von Emotionen. Hier gibt es keine egozentrierten Wünsche oder Sehnsüchte. Das ICH, alles MIR, MICH und MEIN sind ruhig. Wir sind objektiv und klar.

Wir sehen das grosse Bild, eines, das nicht von Geburt und Tod begrenzt ist. Wir können allen Wesen ihre Wahlfreiheit zugestehen. Wir ergreifen nicht mehr Partei für die einen und gegen die anderen.

Jetzt werden die grösseren Zusammenhänge erkennbar.

Auf diese Weise ausgerichtet, werden wir nach der Meditation für unsere irdischen Problemstellungen und Herausforderungen weise(re) Lösungen finden.

Vergleich zwischen 4 und 10

Der Unterschied zwischen Ebene 4 und 10 liegt in der persönlichen und der überpersönlichen, spirituellen Liebe.

Wie gesagt, wir alle haben verletzte Herzen. Das gehört zum menschlichen Leben. Es kann und soll uns Ansporn sein für innere Arbeit, denn mit verletztem Herzen gibt man auch Verletzendes weiter. Wir können nur geben, was wir haben.

Wir werden also unser Herz nähren und unser Mitgefühl pflegen.

Diese Arbeit wird uns zu einer schwierigen Lektion führen:

Es wird der Moment kommen, wo die Welt kaum noch auszuhalten ist. Es gibt einfach zu viel Unrecht und zu viel Leid.

In diesem Moment ist die Gefahr gross, dass wir zornig werden und dem Solar Plexus (Ebene 3) die Führung übergeben. Wir möchten kämpfen und das Elend beenden.

Oder wir schalten das Hals-Zentrum (Ebene 5) ein, schreiben Pamphlete, rufen zum Widerstand auf.

Alle diese Dinge sind wertvoll. Veränderungen geschehen stets, weil Menschen unzufrieden sind. Auch sind Veränderungen von grosser Bedeutung, denn sie fördern neues Wachstum.

Allerdings wird dein Herz deswegen nicht weniger schmerzen! Unsere eigene Rettung werden wir nur in der Ebene 10 finden.

Ich weiss, die Kämpfer unter uns werden das nicht gerne hören, werden von Weltflucht reden ... Hier prallen die beiden Realitäten aufeinander. Sie werden sich nie finden, sind nicht zu vereinen.

In den spirituellen Sphären herrscht eine andere Logik. Von dort aus betrachtet, ist das Spiel auf der Erde eine verdichtete Illusion. Es ist sehr wohl möglich, Energien in diesem Spiel zu verschieben, aber die Dynamik wird sich kaum verändern. Auch vor 1000, 2000 oder 3000 Jahren gab es verhältnismässig nicht weniger Elend.

Du kannst selbst entscheiden, welchen Weg du gehen möchtest:

- *Willst du deine Kraft dazu benützen, die Welt zu verändern?*
- *Oder willst du einen spirituellen Weg gehen?*

    (Es kann sein, dass sich durch deinen spirituellen Weg Dinge verändern, allerdings nicht durch dein Tun, sondern durch dein Sein.)

Und die Zusatzfrage:

- *In wie vielen Leben hast du schon versucht, die Welt zu ändern?*

Aus spiritueller Sicht liegt die Lösung darin, die Frequenzebene zu verlassen, Erleuchtung zu verwirklichen, um danach zurück zu kehren. Denn als «Leuchtturm» können wir einerseits Orientierung geben und andererseits denen die Hand reichen, die ebenfalls frei werden wollen.

Zum Mitgefühl lässt sich einiges sagen

Mitgefühl ist eine der wirklich grossen, spirituellen Qualitäten.

Mitgefühl macht uns weich und unbesiegbar zugleich.

Es ist sehr schmerzhaft, den grossen «Tätern» dieser Welt mitfühlend zu begegnen. Sie haben schliesslich unfassbar viel Leid verursacht. Das spirituelle Mitgefühl stammt jedoch aus dem Verständnis, dass wir alle letztlich eins sind, dass alle und alles aus der gleichen Quelle stammt.

Deshalb gibt es nur eine Möglichkeit, die Situation zu verbessern:

> *Es geht darum, diesen Wesen (nicht ihren Egos) zu begegnen, sich neben sie zu stellen und zusammen mit ihnen alles anzusehen, was sie getan haben, aber auch alles, was sie erlitten haben, bis sie zu diesen Tätern geworden sind. Was ihnen angetan worden ist, wurde auch uns angetan.*
>
> *Dadurch beginnen wir zu verstehen, zu verzeihen und um Vergebung zu bitten.*
>
> *Der Schmerz über die Erfahrungen dieser Wesen trieb mir oft die Tränen in die Augen.*

Viele Täter werden als das personifizierte Böse betrachtet. Der ganze Hass der Massen lastet auf ihnen. Heute weiss ich um den Wert dieser Chance, die wir den «Täter-Opfern» geben, wenn wir unerschütterlich ihr innewohnendes Licht ansprechen. Es ist, als würde eine Glocke angeschlagen, die seit Jahrzehnten, Jahrhunderten, ja vielleicht seit Äonen nicht mehr geklungen hat.

Ja, sie können befreit und rehabilitiert werden. Und das Beeindruckende ist, dass diese kraftvoll destruktiven Wesen, wenn sie ihre Strahlkraft und Liebe wieder gefunden haben, genauso kraftvoll die spirituellen Qualitäten repräsentieren.

Jedes einzelne Wesen kommt vom Numinosen, von der gleichen Quelle, egal ob schwarz, rot, gelb, braun oder weiss, egal ob humanoid, reptiloid, insektoid, aquatisch, «gut» oder «böse».

Wesen sind Wesen. Sie gehören alle zum unendlichen Universum. An unserer Fähigkeit, alle anzunehmen, allen Existenzberechtigung zuzugestehen, können wir ermessen, wo wir mit unserer Liebesfähigkeit stehen.

Das ändert nichts an der Tatsache, dass wir als Menschen auch immer wieder Grenzen ziehen müssen und sollen.

Und was ist jetzt spirituelles Heilen? Spirituelle Heilung?

Es gibt spirituelle Heilung, keine Frage. Spirituelle Heilung hat mit *Ganzwerden* zu tun. Da steht nicht die körperliche Heilung im Vordergrund.

Wir kommen unserer Ganzheit näher, wenn alle unsere Anteile – Körper, Emotionen, Mentales und Spirituelles – erweckt werden und mehr und mehr in Einklang kommen. Blockaden, Dogmen, Ego-Absichten und negative Emotionen fallen in diesem Moment weg und das spirituelle Ordnungsprinzip ist wieder wirksam. Auch wenn Viren, Bakterien, Verletzungen durch Unfälle im Spiel sind, wirkt sich dieses «Ordnungsprinzip» positiv aus.[27]

Nicht selten wird eine solche Heilung durch die Begegnung mit einer verwirklichten Person ausgelöst. Diese Begegnung kann physisch oder geistig stattfinden. Ziel ist die Bereitschaft, das spirituelle Ordnungsprinzip wieder zum Klingen zu bringen.

Der Wandel ist umfassend. Du wirst danach nicht weiterleben wie bisher.

Natürlich kann eine solche Wandlung auch ohne vorausgehende Krankheit geschehen. Der Grund, warum dies jedoch so selten vorkommt, ist im Willen der Menschen zu finden. Wir möchten zwar gesund werden, aber auch weiterleben wie bisher. Wenn die Verhaf-

---

[27] Stammen die krank-machenden Faktoren aus dem astralen Bereich, bringt uns das «Ordnungsprinzip» in einen klaren Bewusstseinszustand, so dass wir diese Einflüsse konfrontieren können.

tungen und Absichten der spirituellen Essenz widersprechen, ist diese Art von ganzheitlicher Heilung nicht möglich.

Beeinflussung nimmt den Menschen die Kraft

Der Unterschied zwischen Beeinflussung und echtem spirituellem Beistand ist gross und entscheidend.

Da ist die Mutter, die neben dem Kind am Rand des Schwimmbades steht und mit Eindringlichkeit und bester Absicht sagt:

«Nimm deinen Mut zusammen, du kannst es, ich zähl auf dich, ich vertraue dir, sei kein Feigling, du schaffst es ...»

Freunde glauben zu helfen, wenn sie mit all ihrer Kraft raten:

«Du musst diesen Job kündigen, du musst diesen Partner verlassen, das macht dich krank. Ich habe dir schon lange gesagt, dass ... warum hörst du nicht auf mich?»

Und Heiler suggerieren:

«Glaube daran. Stell es dir in allen Details vor und die Heilung ist schon geschehen ...»

Vorstellungen oder Visionen sind nicht grundsätzlich falsch. Negativ ist die Kraft, welche der Heiler in diesen Prozess pumpt: Mach dies. Mach das. Vertrau mir. Ich weiss es (besser als du) ...

Die Welt ist voll davon.

Mit kraftvoller Absicht wird der anderen Person «Liebe» oder «Energie» aufgedrängt, immer im Glauben, dem anderen damit einen Gefallen zu tun.

Die wohl schlechteste Variante ist diese:

Eine Klientin sagte mir: «Ich schicke meinem Vorgesetzten täglich Liebe.»

Ich: «Ach ja? Lieben Sie denn ihren Chef?»

Klientin: «Nein, ich hasse ihn!»

Ich: «Und woher nehmen Sie denn die Liebe?»

Klientin: «Es ist kosmische Liebe.»

Kosmische Liebe? Reine Fantasie, die mit der spirituellen Wahrhaftigkeit nichts zu tun hat. Ich nehme an, dass beim Chef durch dieses «Liebesgeschenk» ein ziemlich verworrener Eindruck entstanden ist.

So helfen «Helfer»

Es sind wiederum 3 mögliche Wege:

These: Die wohlgemeinten Suggestionen des «Helfers» werden nicht befolgt.

«Das Opfer» beklagt sich weiter über die schlechte Partnerschaft, die schlimmen Arbeitsbedingungen etc.

Beim «Helfer» stellt sich mehr und mehr Frustration ein: *«Ich gebe mir alle Mühe, aber er/sie will ja nicht hören!»* Allmählich entsteht Ablehnung, vielleicht gar Verurteilung und die Beziehung droht zu zerbrechen.

Antithese: «Das Opfer» tut, was ihm geraten wird.

Der «Helfer» hat die Genugtuung, dass sich etwas verändert, der Zeitaufwand scheint sich gelohnt zu haben.

Bald wird der «Helfer» wahrnehmen, dass er in den Augen des «Opfers» auch die Verantwortung für die neuen Auswirkungen trägt.

Synthese: Der «Helfer» steht dem «Opfer» in der Entscheidungsfindung zur Seite.

Das Kind wird man fragen: *«Was würdest du benötigen, damit du ins Wasser springen kannst?»*

Es möchte vielleicht zuerst ein paar Mal dort springen, wo das Wasser nicht so tief ist ... So findet es seinen eigenen Weg, handelt aus einer eigenen Entscheidung heraus und nimmt sich besser wahr. Es geht mit sich selbst einen Weg, wird dabei aber nicht allein gelassen.

Oder man erzählt von sich: «Als ich ein Kind war, half es mir, auf drei zu zählen und dann zu springen. Das Wichtigste war, dass ich mir meinen Entscheid glaubte. Dann sprang ich auch wirklich.» Das Kind wählt selbst, ob es diese Methode adaptieren möchte. Aus dieser Art Beistand kann eine Lektion fürs Leben werden.

Die Freundin mit der schlechten Partnerschaft wird man fragen: *«Was gefällt dir an der Beziehung? Wo möchtest du in einem Jahr mit dieser Beziehung stehen? Was könntest du tun, um das zu erreichen? Möchte das dein Partner auch? Ist das Ziel realistisch? Kannst du dir eine Alternative vorstellen? Wie kann ich dich unterstützen?»*

Auf diese Weise bleibt diese Freundin bei sich und in ihrer eigenen Kraft.

So verhalten sich «Opfer»

These: Das «Opfer» bekommt Ratschläge.

Die Ratschläge erhöhen die innere Spannung und verstärken das Gefühl, unfähig zu sein. Die Energie sinkt ab.

Antithese: Das «Opfer» tut, wie ihm geraten.

Das «Opfer» ist nicht «in seiner eigenen Stärke», sondern stellt auf das beratende Umfeld ab. Es hat sich dessen Willenskraft einverleibt oder gehorcht – bleibt also kindlich. «Ich tue es, weil ich dir/euch vertraue.»

Wenn das Resultat positiv ausfällt, mag das angehen, andernfalls drohen – logisch – Schuldzuweisungen. So oder so entsteht mehr Abhängigkeit als Freiheit.

Synthese: Das «Opfer» macht seine Schritte im eigenen Tempo.

Das «Opfer» hat sich entschieden, etwas zu verändern. Der Beistand des «Helfers» stärkt Mut und Klarheit, gibt aber genügend Raum, um die Entscheide zu finden, die sich richtig anfühlen.

Das «Opfer» behält die Selbstverantwortung und handelt aus eigener Kraft. Der Lernprozess geschieht, wenn der Weg Schritt für Schritt gegangen wird. Der Weg ist auch das Ziel ... Und aus dem Opfer wird ein autonomes Wesen.

Wir sind in dieser Welt, um Erfahrungen zu machen. Und wir haben alle das Recht, diese Erfahrungen im eigenen Tempo zu machen.

Es geht nicht darum, Energie in eine Situation zu pumpen, sondern darum, Raum zu schaffen, Wahlmöglichkeiten aufzuzeigen und sinnvoll anwesend zu sein.

Die richtige Haltung und Kommunikation können wir üben, wenn wir mit unseren Zellen arbeiten. Sie wissen längst, was sie zu tun haben. Oft sind es unsere Anspannungen und Ängste, die sie behindern. Mit mehr Energie und Absicht erhöhen wir diesen Druck noch zusätzlich. Besser ist es zu entlasten, damit die Zellen frei agieren können. Die gleichen Regeln gelten im Umgang mit Menschen.

Heilung im geistigen Sinn ist ein ganzheitlicher Prozess und keine Abrakadabra-Wundermethode, die irgendetwas so ohne weiteres ins Gegenteil verwandelt. Heilung können wir jeden Tag praktizieren: mit dem Körper, mit all den kleinen Verletzungen und Schmerzen und bei der Kommunikation mit unseren Zellen, wie oben geschildert.

Wer jeden Kopfschmerz gleich mit Schmerzmittel bekämpft, jedes Fieber unterdrückt, Bakterien sofort mit Antibiotika abtötet und nie gelernt hat, seinem Körper in seinem Heilungsprozess beizustehen, wird bei schwereren Erkrankungen ebenfalls nach massiveren Interventionen verlangen.

Freude und spielerische Kreativität auf Ebene 11

Wir gehen weiter auf unserem meditativen Weg und öffnen uns für die obere Oktave des fünften Chakras.

- *Bring die Konzentration ins Dritte Auge und entspanne dich.*
- *Versuche nicht, dich über den Körper zu erheben. Aber streif die Identifikation mit dem Körper ab, als würdest du einen Mantel ablegen.*
  Es ist nicht nötig, irgendwohin zu gehen. Der unendliche Raum wird sich öffnen, wenn du die Frequenz des Bewusstseins veränderst.
  Nimm dich als freies spirituelles Wesen wahr. Falls du dir eine Form geben möchtest, kannst du diese spielerisch in Bruchteilen von Sekunden vollkommen frei erschaffen. Sie braucht weder Arme noch Beine.
- *Ich wünschte, du könntest die freudige Erleichterung jener Wesen sehen (z.B. Verstorbene, die wir befreien), die gelernt haben, all das Schwere hinter sich zu lassen.*

Während ich diesen Abschnitt schreibe, gehe ich natürlich ebenfalls in Resonanz mit dieser subtilen Energie der Ebene 11. Wir können uns dort jederzeit begegnen! Mein Höheres Selbst (Ebene 10, 11 oder 12) freut sich über jede Kontaktaufnahme!

Gerne würde ich dich an diese absolute Freiheit, dem Freisein von Angst erinnern, dir diese reine Freude, das Lachen, die Klänge, das Licht und die Leichtigkeit der spielerischen Tänze zeigen, damit du dich an den multidimensionalen Energiemustern erfreuen kannst.

Leider kommen viele nicht in Kontakt mit diesen erstaunlichen Qualitäten, weil mehrere Schichten von Angst dazwischen liegen. Wenn du willst, gebe ich dir die Hand – metaphorisch gesprochen. Aber nur, wenn du willst. Du hast in jeder Sekunde absolut freie Entscheidung.

- *Nach der Meditation kehren wir zu unserem Tagesgeschäft zurück. Wir erfüllen den Körper wieder ganz mit unserer Präsenz, nehmen unser Hab' und Gut wieder in unsere Verantwortung, gehen wieder unseren Aufgaben nach.*

- *Durch das tägliche Reisen zwischen den Welten wird immer klarer, dass das irdische Leben ein temporäres Theaterstück ist, in welchem es nicht wirklich um die irdischen Erfolge als vielmehr darum geht, was wir dabei erfahren und wie wir die Erfahrungen für uns auswerten.*

Warum auf der Ebene 11 nichts schmerzt

Zum menschlichen Leben gehört auch das Schmerzvolle. Wäre es anders, würden wir wohl in Lethargie und Dekadenz versinken.

Lieb gewordene Menschen sterben, Freundschaften zerbrechen, Verluste jeglicher Art treffen uns, zudem kann der Alterungsprozess zur Herausforderung werden. Den allmählichen Zerfall des Körpers zu beobachten, ist keine einfache Sache.

Wir müssen uns von Träumen und Visionen verabschieden und akzeptieren, dass Jüngere die Bühne betreten.

Das alles gehört zu einem privilegierten Leben. Vergessen wir nicht diejenigen, die wirklich leiden!

Wer nur die weltliche Realität kennt, wird hart arbeiten müssen, um sein Lachen und das Leuchten in seinen Augen bis ins Alter erhalten zu können.

Durch regelmässige spirituelle Meditation verschieben sich die Prioritäten. Mit der Zeit wird es immer einfacher, die irdischen Verhaftungen zumindest temporär loszulassen. Was uns anfangs Angst bereitet, fühlt sich immer mehr an wie ein grosses Aufatmen. In dem Masse, wie sich die Identifikation mit der spirituellen Freiheit verstärkt, werden die irdischen Anhaftungen weniger – und das ist gut so.

Täglich üben wir, alles hinter uns zu lassen. Die Erfahrung, ganz und vollkommen zu sein, nichts nötig zu haben und nichts und niemanden verlieren zu können, wird uns immer vertrauter. Sie wird mehr und mehr auch unseren Alltag prägen.

Im spirituellen Raum verlieren wir keine Freunde, denn wir können alle wiederfinden und ihnen im Geiste jederzeit begegnen. Wir können diejenigen, die sich nach dem Tod oder im Leben in dichteren Sphären aufhalten einladen, sich wieder an ihre innewohnende Ganzheit zu erinnern und frei zu werden.

Sollte sich ein Wesen entscheiden, in dichteren Ebenen zu agieren, werden wir das leichter akzeptieren können, als wenn wir als Mensch zuschauen müssten, wie jemand in Sucht oder Kriminalität abdriftet. Alle haben das Recht, verschlungenen Pfaden zu folgen und immer wieder neue Entscheide zu fällen.

Die Wesen, die wir auf Ebene 11 treffen, interessieren sich nicht für die physischen und astralen Universen. Ihre gesamte Wahrnehmung ist auf den freudvollen Selbstausdruck und das Spiel gerichtet, wo Leiden nicht existiert. Hier fehlt sogar die Schwingung des Mitgefühls, da es nichts Leidvolles gibt, nichts, was Mitgefühl auslösen könnte.

Hier existiert nicht die kleinste Spur von Angst. Weil ganz klar ist, dass uns niemand zu irgendetwas zwingen könnte.

Ich möchte nochmals wiederholen, dass die astralen Wesen Masse haben. Sie entsteht durch Verdichtung, durch Ego-Absichten, Anhaftungen, Emotionen, durch Aspekte also, über die wir uns hier bereits erhoben haben.

Jedes Wesen, das in Angst und Schrecken versetzt wurde, kann gefangen gesetzt werden. Zwar ist das Gefängnis illusionär und ausgedacht, aber wenn es gelingt, das Opfer von der Existenz des Gefängnisses zu überzeugen, wird es zwingend.[28]

---

[28] Junge Elefanten werden nachts mit einem Strick festgebunden. Sie gewöhnen sich daran, bis zum Morgen geduldig auf den Elefantenführer zu warten. – Die erwachsenen Tiere wären eigentlich stark genug, den Strick zu zerreissen. Trotzdem tun sie es nicht, weil sie ihre Gefangenschaft nicht in Frage stellen.

Spirituelle Wesen durchschauen die Illusion. Wer um seine wahre Natur weiss, kann weder belogen noch verängstigt werden.

Auf Ebene 11 gibt es keinerlei Sehnsüchte, denn wo immer wir unsere Aufmerksamkeit hinlenken, sind wir präsent. Wir können auch überall zeitgleich sein. Zeit und Raum sind für freies Bewusstsein nicht zwingend.

Astralreisen oder «Remote Viewing» dagegen finden im Astralraum statt, meist in Ebene 7.

Die Wahrnehmung von Ebene 11 bezieht sich nicht auf materielle Dinge. Es können also weder feindliche Waffensysteme noch unterirdische Bunker ausspioniert werden. Spirituelles Sehen ist absolut unbrauchbar fürs Militär – und das ist der beste Schutz.

Auch auf Ebene 11 zeigen sich Wesen manchmal in einer Form. Wenn sie möchten, dass ein Mensch sie erkennt, erschaffen sie ein Abbild der früheren Inkarnation und nehmen beispielsweise im Traum Kontakt auf. Dies ist von allen spirituellen Ebenen (10, 11, 12) möglich.

Meist bleibt die Form aber sehr ätherisch und hat keinerlei Masse.

Kreativer Ausdruck auf Ebene 11

Kreativität gehört zu unserer Essenz. Wir schöpfen aus uns in einem ständigen, freudvollen Selbstausdruck. Wesen setzen fortwährend Bewusstseinsfünkchen nach aussen. So wie alle unsere Körperzellen das gleiche Erbgut tragen, so sind alle Bewusstseinsfünkchen unverwechselbare, holografische Abbilder von uns. Durch das Hinaussetzen dieser Fünkchen multiplizieren wir uns gewissermassen. Meist werden die Fünkchen nach einer Weile wieder zurückgenommen, sie werden de-kreiert. – Oder aber sie gehen im Spiel vergessen ...

Den Bewusstseinsfünkchen können auch Qualitäten aufgeprägt werden: Farben, eine energetische Richtung, Expansion oder Kontraktion, Drehimpuls oder im verdichteten Universum auch Emotionen wie Trauer, Schmerz, Sehnsucht, Wut.

Wie sich Bilder auf dem Bildschirm aus Pixeln zusammensetzen, besteht das multidimensionale Geschehen aus Bewusstseinsfünkchen, und zwar jede Vorstellung, jede Form, jede Farbe, jeder Klang, jedes Atom ...

Die Wesen auf Ebene 11 lieben die nie endende Vielfalt an Formen und Farben, die sich im Spiel bewegt. Das gesamte Geschehen bleibt dabei immer leicht und unbeschwert.

Willenskraft existiert genauso wenig wie Ziele, die es zu erreichen gälte. Und wie auf allen spirituellen Ebenen existiert keine verbale Sprache. Dafür besteht kein Bedarf, es muss nichts erläutert werden, alles ist vollkommen offensichtlich.

Die im Spiel zurückgebliebenen Fünkchen verdichten sich allmählich und bilden die kleinsten Partikel der Materie (Quarks). Mit der Zeit werden daraus Atome, Moleküle, Molekülketten. Das ist der Stoff, aus dem das Schöpfungsspiel besteht. Auf diese Weise haben wir alle zur Schöpfung beigetragen und tun es in diesem Augenblick und an jedem weiteren Tag.

Für den Fall, dass du deine Freiheit vergrössern möchtest, tust du gut daran, deine Fünkchen zurück zu rufen. Es ist, als würde man einatmen, was man einst ausgeatmet hat.

Leider lassen sich diese Dinge nicht präziser beschreiben. Deshalb möchte ich dich auffordern, es einfach auszuprobieren. Wer das Prinzip verstanden hat, wird fähig sein, es zu tun. Wer geistige Wahrnehmung hat, wird fähig sein, zu kontrollieren, ob es auch funktioniert.

Die Natur ist Abbild der Schönheit von Ebene 11

Schönheit, Ästhetik, Eleganz, Verspieltheit – dem Zauber der Ebene 11 können und wollen wir uns nicht entziehen. Wenn wir im irdischen Leben daran erinnert werden, berührt uns dies sehr. Es ist der Tanz der Schneeflocken, ihre vollendete Form, ein Regenbogen, die Faszination eines Wasserfalls, eine unberührte Blumenwiese, ein intaktes Stück Natur.

Musiker, Komponisten, kreativ Schaffende haben oft eine starke Verbindung zur Ebene 11 und bemühen sich immer aufs Neue, ein Stück Himmel zur Erde zu bringen.

Daneben gibt es auch jene kreativ Schaffenden, welche das Hässliche verehren, die «Hölle» abbilden und schockieren möchten. Nach allem, was du bisher gelesen hast, ist dir wahrscheinlich klar, wo sie ihre Inspiration holen.

Und nochmals anders verhält es sich bei denjenigen, die künstlerische Mittel benützen im Versuch zu informieren und die Menschen aufzuwecken. Auch schwer zu verkraftende Inhalte können in einem qualitativ hoch stehenden Werk gezeigt werden.

Wir tragen diese wunderbaren Qualitäten in uns. Dieser zarten Verspieltheit gilt es auch Raum zu geben. Hast du dir heute dafür schon Zeit genommen?

Umfassende Wahrnehmung auf Ebene 12

Wir haben jetzt viele einzelne Schritte gemacht, d.h. ich habe den Weg durch die einzelnen Qualitäten beschrieben und hoffe, dass sie für dich erlebbar geworden sind. So hast du erfahren, wie dein Bewusstsein Schritt für Schritt leichter, freier, weiter, umfassender, stiller und ganzer wird. Du ahnst allmählich, was Vollkommenheit bedeuten könnte.

Auf diesem Weg sind gute Vorbilder unerlässlich. Begegnungen, wenn möglich ganz direkt oder zumindest im Geiste, erinnern uns an die Unterschiede der Bewusstseinszustände. Das Vergessen geschieht so schnell in dieser Welt, die uns täglich überflutet mit Schall und Rauch, mit Luxus, Oberflächlichkeit, Egoismus.

Eine wahrhaftige Begegnung von Geistwesen zu Geistwesen in einem Moment, in dem wir wirklich bereit dazu sind, wird unser Leben verändern. Innere Qualitäten, die vielleicht lange geschlummert haben, werden erweckt – es kann uns kein grösseres Geschenk gemacht werden.

«Göttliches Bewusstsein» ist etwas WIRKLICH Grosses – und doch so Einfaches. Es kann sehr lange dauern, bis wir diese Öffnung des Bewusstseins erlauben können. Und erst wenn dies geschieht, werden wir feststellen, wie sehr wir durch die Erfahrungen, die wir im biologischen Körper gemacht haben, geprägt und eingeschränkt waren.

Kürzlich meldete sich eine Gruppe von Seeleuten in meinem geistigen Raum.

Sie erlitten vor etwa 200 Jahren Schiffbruch und waren noch immer in einer Zeitblase gefangen. Sie fühlten sich von allen vergessen und brauchten Hilfe. – Ich fragte den Sprecher der Gruppe: «Was warst du, bevor du Seemann warst?» Seine Antwort: «Auch Seemann.» Und davor? Ihm fiel nichts anderes ein, als Seemann zu sein und die Weltmeere zu befahren. –

Es dauerte eine gute Weile, bis in ihm die Erinnerung an seine geistige Existenz mit vollkommenem Bewusstsein geweckt war.

Das Vergessen kann fast umfassend sein. Und es überwuchert alles in einer Geschwindigkeit, die wir nicht für möglich halten würden.

Die Seeleute waren, genau wie viele Verstorbene, angewiesen auf jemanden, der/die mit ihnen kommuniziert und aufzeigt, was es heisst, spirituell frei zu sein. Andernfalls wären sie gefangen geblieben.

Die Seeleute befanden sich übrigens auf Ebene 7 – also sehr nahe an der materiellen Realität.

Wer sich nur an Existenzen als Frau erinnert, kann sich nicht mehr vorstellen, wie sich das Mann-Sein anfühlt. Auch Kulturen, Rassen oder soziale Schichten prägen uns und schränken unsere Vorstellung ein.

Nicht selten werden mir «spirituelle» Erfahrungen in einer Art beschrieben, als wären sie aus Holz geschnitzt, als würden sie der materiellen Logik folgen. Da wird klar, dass der geistige Dimensionssprung noch nicht stattgefunden hat.

Wie gesagt: Göttliches Bewusstsein ist umfassend und hat nichts zu tun mit der linearen Folgerichtigkeit der irdischen Logik. Alles darf sein. Alles gehört dazu. Nichts wird ausgegrenzt. Die Wahrnehmung ist dimensionsübergreifend.

Auf Ebene 10 ist die Liebe so umfassend, dass wir allen anderen Wesen so nahe sind wie Schwestern und Brüdern.

Auf Ebene 12 lösen sich Grenzen auf und wir betrachten andere Wesen als wären sie Teil von uns. Unser Bewusstsein durchströmt alles gleichermassen. Trotzdem gibt es noch Individualität. Auch hier bleibt eine subtile Wahrnehmung von «Ich» bestehen. Ein Ich ohne Spuren von Eitelkeit oder Überheblichkeit, ein Ich mit tiefem Verständnis für alles, was ist.

Auf Ebene 12 sind wir ganz und autonom

Die Frage der Zugehörigkeit existiert hier nicht. Auf Ebene 12 sind wir gleichermassen Tropfen und Ozean. Es gibt nichts, was wir von den anderen benötigen würden, denn unser Innerstes ist das Numinose – und das ist Vollkommenheit.

Wir sind das Ein und das Alles.

Alles, was existiert, ist Ausdruck der höchsten Essenz. Oft wird diese Qualität Om genannt, heiliger Klang, Basis von allem. Manche bezeichnen Liebe oder Licht als Grundlage von allem. Liebe, Licht, Klang sind gleichermassen stimmige Beschreibungen für etwas, das sich der irdischen Logik ohnehin entzieht.

Das Wichtigste: Wir tragen diese Qualität in uns.

Kein Wesen ist übergeordnet. Keines ist untergeordnet.[29]

Das ist Grund für grösste Demut wie auch für grösste Würde.

Wir sind göttliche Wesen unter göttlichen Wesen.

Ethik wird als innewohnende Qualität erfahren.

Gegnerschaft entsteht in dichteren Ebenen und setzt ein Gefühl von Getrennt-Sein voraus.

Karma wird hier vollkommen verständlich.

Es ist wie Physik, eine energetische Dynamik. Die innewohnende Logik ist leicht nachvollziehbar:

Wo Leere ist, wird aufgefüllt.

Übergewicht kippt in den Ausgleich.

Widerstand kreiert Reibung.

Was wir ausgrenzen, wird uns aufgezwungen.

Wer nur eine Waagschale füllt, dem wird das Leben die andere füllen.

Es ist das Spiel der Kräfte – alles strebt nach Ausgleich.

---

29 Hierarchien gehören zu den Ebenen 1 bis 9.

So entfaltet sich Karma auf natürliche Weise, ganz von selbst.

Karma, also Bindung, kann von uns aufgelöst werden. Dazu braucht es Liebe und Wissen ... Die Prinzipien sind dir jetzt bekannt. Die Weisheitslehrer haben immer wieder davon gesprochen: Es liegt in unseren Händen. Da gibt es keinen anonymen Gott, der unberechenbar, nach eigenem Gutdünken belohnt oder bestraft – das sollte inzwischen sehr klar geworden sein.

Es ist an uns, Dinge in Ordnung zu bringen. Am besten gelingt das in der inneren geistigen Arbeit. Es lohnt sich nicht, wieder zu inkarnieren, um etwas auszubessern, denn bis wir das eine Ding in Ordnung gebracht haben, sind mindestens zehn neue Belastungen entstanden.

Kein spirituelles Wesen wird je Racheengel spielen. Das ist nicht seine Rolle und auch absolut unnötig. Jene, die sich von der spirituellen Liebe entfernen und sich entscheiden, im weitesten Sinne «böse» zu handeln, bezahlen ihren Preis, indem sie erfahren, wie es ist, von der spirituellen Liebe entfernt zu sein. – So einfach.

So schlimm. Die pure Agonie.

In der Welt gibt es die Justiz. Sie könnte als Instrument der Gesellschaft für Gerechtigkeit und für den Schutz der Bevölkerung sorgen. Leider funktioniert sie häufig nicht so, dass es für unser Gerechtigkeitsempfinden stimmt. Auch sie ist einzig dazu geschaffen worden, irdischen Besitz an Gütern, aber auch Menschen zu organisieren und für die Herrschenden leicht und gewinnbringend zu verwalten.

Aus geistiger Sicht geht es einzig um Folgerichtigkeit. Und die ist direkt, klar und unbestechlich.

Wir sind Brahma – Vishnu – Shiva.

Wir sind die göttlichen Wesen. Wir sind fähig zu erschaffen (Brahma), zu erhalten (Vishnu) und aufzulösen (Shiva).

Auf Ebene 12 gelangen wir zu spiritueller Reife.

Diese beinhaltet grosse Verantwortung für das Gesamtgeschehen.

Verantwortung? Ein unpopulärer Gedanke in unserer Ego-Gesellschaft, wo viele annehmen, Spiritualität sei Wellness, nur besser! – Und vor allem kostenlos.

Dagegen geht es bei spiritueller Reife darum, für andere da zu sein.

Wesen, wie die beschriebenen Seeleute, brauchen Beistand. Wer selbst den Weg vollendet hat, kann Beistand leisten.

Wir ruhen im Sein. Der Seinszustand bewirkt Wandel.

Fassen wir zusammen

Die Herausforderungen des Lebens rufen bei uns ganz unterschiedliche Reaktionen hervor. Im besten Fall heissen wir die Möglichkeit, unsere Fähigkeiten zu testen, willkommen. Wir nehmen die Angelegenheit sportlich und packen freudig an.

Wer nicht ganz fit ist, reagiert mit Angst, Verunsicherung, Verwirrung, Hader. Er oder sie wird vielleicht trotzig und verweigert sich. Eine Herausforderung, der wir uns nicht gewachsen fühlen, kann uns sogar krank machen.

Wir können also an jeder Herausforderung

scheitern und zerbrechen

stagnieren, gegen Mauern anrennen, trotzig verharren

wachsen, stärker und fähiger werden

Geistige Arbeit bietet Werkzeuge und Techniken an, die uns Wachstum ermöglichen. Ich habe versucht, einen Einblick zu geben in die einzelnen Themen. Allerdings, das wissen wir alle, kann ein Buch niemals eine begleitende, therapeutische Arbeit ersetzen.

Ob begleitet oder allein, es zeigt sich klar, dass es ohne regelmässiges, wenn möglich tägliches inneres Aufräumen und Reinemachen (Psycho-Hygiene) nicht geht.

Mit der Zeit wird es einfacher. Je besser wir die Themen verstehen, je gründlicher wir sie einmal bereinigt und geheilt haben, desto schneller nehmen wir wahr, wo etwas nicht stimmt.

Die bisher beschriebenen Schritte

- Die persönlichen Chakras ganz in Besitz nehmen. Ihre Themen bereinigen und heilen.
- Den Fokus zum Dritten Auge bringen. Die Konzentrationsfähigkeit trainieren und stärken. Das Dritte Auge ist die Pforte zu den geistigen Ebenen.

- Die weltlichen Absichten zurücknehmen.

  Wir schälen uns aus allem Weltlichen heraus, pausieren und geniessen die Beruhigung der Gedanken. Die Fähigkeit, für eine bestimmte Dauer alle erdgebundenen Themen hinter sich zu lassen, erleichtert die spirituelle Meditation bis zur Quelle.

- Nach der Meditation kehren wir wieder ins Leben zurück und übernehmen auch wieder Verantwortung. Die Pause war von grossem Nutzen.

- Ganz wichtig: Die Regeln der astralen Ebenen verstehen.

  Werkzeuge, Techniken, Befindlichkeiten und das gesamte Szenarium der astralen Ebene erfahren. Wir müssen wissen, worum es hier geht. – Aber erst nachdem wir spirituell verankert sind. Ja, es ist möglich, dass du dich zuerst in die spirituellen Ebenen erhebst und danach die astralen Ebenen erkundest. Die Reihenfolge – erst Astrales, dann Spirituelles – ist nicht zwingend.

Das Entscheidende: Es geht um einen klaren Entscheid

Wer die astralen Ebenen geniesst und da gerne mitmischt, ist in seiner Energie zu dicht für die subtileren spirituellen Ebenen und wird keinen Zugang finden.

Es geht also um den Grundsatz:

Astral oder spirituell? – Beides zusammen geht nicht. Wir sind entweder im Bassin drin und werden nass oder wir stehen daneben in der Sonne und bleiben trocken. Aber wir können nicht drin sein und gleichzeitig trocken bleiben.

Das heisst:

- *Wer seine Luftschlösser auf Ebene 7 baut (Vorstellungen, von denen man glaubt, sie würden sich bewahrheiten, wenn sie nur dicht und präzis genug ausgedacht sind), wird sich nicht über diese Verhaftungen erheben können.*

- *Wer auf Ebene 8 die emotionale Nähe mit anderen Wesen sucht oder sich regelmässig im Astralbereich sexuell betätigt, wird emotional zu dicht sein, um spirituelle Qualitäten zu erfahren.*

- *Wer Macht- und Kontrollbedürfnisse hat und diese telepathisch über die astralen Ebenen auslebt (im falschen Glauben, dass es niemand merkt), hat ebenfalls eine zu grobe Bewusstseinsfrequenz, um Zugang zu haben zu subtileren Ebenen.*

Nun möchtest du dich vielleicht genau für die oben genannten astralen Aktivitäten entscheiden, weil sie für dich spannend und aufregend sind oder dir ein Gefühl von Überlegenheit geben.

Das steht dir zu. – Um Erfahrungen zu machen, ist diese Schöpfung schliesslich da.

Alles hat Existenzberechtigung. Aber es gibt Dinge, die sich gegenseitig ausschliessen. Jedes einzelne Wesen muss seine Wahl treffen. Manche werden von den astralen Techniken magisch angezogen, für andere haben sie keinerlei Relevanz.

Auf meiner Flagge steht «Befreiung». Sie ist im Astralraum nicht zu haben. – Du darfst gerne die Abzweigung in die magischen, suggestiven, manipulativen und schamanistischen Themen wählen und ich verabschiede mich hier (vorübergehend) von dir.

Meine weiteren Schritte führen zu den spirituellen Qualitäten.

Wir tragen sie alle in uns, aber sie werden leicht übertönt und gehen vergessen.

> *Wir sind Liebe und Mitgefühl – Ebene 10*
> *Wir sind Freude und Leichtigkeit – Ebene 11*
> *Wir sind Alles und Alle – Ebene 12*

Klar: Die meisten von uns brauchen «etwas» Zeit,
um sich voll und ganz zu erinnern. Es ist ein riesiges Universum,
aber die Prinzipien sind letztlich logisch und einfach.

Einmal hier angekommen, haben wir die Möglichkeit, unsere wahre göttliche Natur zu verwirklichen.
Diese Worte habe ich bewusst so gewählt, denn wir haben lediglich die *Möglichkeit* dazu. Viele halten beim Meditieren nicht nur ihre Augen geschlossen, sondern auch gleich ihre Wahrnehmung.

«Erleuchtung» plumpst niemandem einfach in den Schoss, bloss weil lange genug gehorsam Vorschriften befolgt wurden. Es braucht schon etwas mehr dazu, z.B. Wachheit, Entdeckergeist, Hingabe, kluges Hinterfragen – und Mut! Und den nicht zu knapp.

Öffne deine inneren Augen! Dein waches Interesse ist gefragt, öffne dich für diese Erfahrung.

Meditation kann eine grossartige Reise sein.

Es gibt eine ganze Menge zu «erforschen». Was immer du verstehen möchtest, hier hast du die Möglichkeit, es tiefgreifend zu verstehen.

Wie «Böses» entsteht? – Hier kannst du es nachvollziehen.

Wer du wirklich bist? – Es wird sich dir offenbaren.

Wozu das Schöpfungsspiel gut ist? – Du kannst den tieferen Sinn erforschen und wirst ihn finden.

Zu erfahren, dass wir alle Geheimnisse lüften und alle Schleier durchschauen können, ist grossartig. Jetzt kehrt Ruhe ein.

Glückseligkeit der Ebene 13

Je grösser unsere Sehnsucht heimzukehren ist und je vertrauter uns die subtile Essenz geworden ist, desto näher werden wir uns geistig anschmiegen und desto einfacher wird es sein zu verschmelzen.

An dieser Stelle sollte ich eigentlich verstummen, denn alles, was ich sage, wird Missverständnisse wecken. Trotzdem versuche ich zu beschreiben, denn auch das Geheimnis wäre missverständlich.

Es geschieht plötzlich, unvorbereitet, erfasst uns mit Haut und Haar, ist wie ein Strudel, wir werden mitgerissen ...

Alles dehnt sich aus in unglaublicher Liebe. Wir schwimmen in einem wogenden Ozean von Liebe, der uns innen und aussen vollkommen erfasst ...

Manche sagen, der Himmel wäre aufgerissen worden.

Andere berichten vom Dröhnen der Engelsfanfaren.

Andere nehmen wahr, dass sie von einem immensen Licht durchflutet werden, welches gleichermassen das Universum erfüllt.

Soweit die Versuche, etwas Unfassbares zu beschreiben.

Sollte jemand nun aber einfach darauf warten, dass der Himmel aufreisst, dass die Fanfaren erklingen, dass das gesamte Universum mit Licht oder Liebe durchflutet wird und er/sie von einer Woge der Glückseligkeit überwältigt würde, wird nichts dergleichen geschehen.

Ich spreche selten von Gnade – bei Ebene 13 tue ich es.

Was hier geschieht, können wir nicht selbst verursachen oder kontrollieren. Wenn wir in Liebe ruhen und einfach nur «daheim» sein möchten, besteht die Möglichkeit, dass wir ganz unverhofft von dieser Woge der Glückseligkeit vereinnahmt werden.

Anfangs werden wir unser Bewusstsein nur für kurze Zeit in dieser hohen Qualität halten können. Aber auch wenn es nur Augenblicke dauert, wird uns diese Erfahrung für Jahre begleiten und nähren.

Heimkehren

Alle Gründe sind gute Gründe, um heimzukehren in die subtilste Bewusstseinsqualität unseres Seins..

Sei es, dass wir unendlich glücklich, dankbar und voller Liebe sind.

Sei es, dass wir unendlich leiden, die Hoffnung verloren haben und uns desorientiert fühlen.

Was auf der Erde geschieht, ist manchmal schier unerträglich.

Was einst ein Spielfeld war, wurde zum Schlachtfeld.

Die Schachzüge der Mächtigen sind zerstörerisch, für viele aber undurchschaubar.

Wir sehen die verletzten Herzen, leiden mit den Ausgebeuteten und Unterdrückten und wissen, dass es kein Ende nimmt.

Die Sehnsucht heimzukehren, wird unwiderstehlich.

So nehmen wir uns die Zeit zu pausieren.

Die innere Zentrierung bringt uns zur Ruhe.

Anspannungen und Widerstände entspannen sich.

Emotionen werden ruhig.

Der Gedankenstrom wird still, weil es nichts mehr gibt, woran er sich entflammen könnte.

Ruhe – endlich.

Es sind Augenblicke der Gnade, wenn sich die Bewegungen des Geistes beruhigen wie die Wellen des Sees hoch in den Bergen.

Der Wind der Gedanken wühlt das Wasser nicht länger auf,
nicht die kleinste Welle verzerrt das Bild.

Der See wird zum vollkommenen Ebenbild des Himmels.
Kein Unterschied ist zu erkennen zwischen oben und unten.
Auf diese Weise spiegelt sich zeitlose Vollendung in unserem Sein.

Es ist das Wunder des Einswerdens in der Stille der Meditation,
wie es von indischen Mystikern beschrieben wird.

Das Numinose

«Das Numinose» - Ich wähle diesen Begriff für die höchste spirituelle Qualität der Ebene 14, gemäss meiner Grafik auf Seite 39.

Das Numinose ist der Ursprung, die Quelle von allem, was existiert, das allumfassende und alles durchdringende höchste Prinzip.

Immer wieder begegne ich Menschen, die mit dem Begriff «Quelle» «etwas» bezeichnen, das mittels Sprache kommuniziert und den Menschen mitteilt, was sie zu tun und zu lassen haben. Eine Stimme aber, die Anweisungen gibt, kommt entweder aus den astralen Ebenen oder ist synthetische Telepathie. Das heisst, sie wird mittels moderner Technologie direkt in die Köpfe der Menschen gesendet.

Solche Stimmen kommen niemals aus spirituellen Sphären!

Sprache umfasst eine begrenzte Anzahl Wörter und diese sind zudem mit unterschiedlichen Inhalten gefüllt. Umso wichtiger ist es genau zu definieren, wovon wir sprechen und was wir meinen.

Ich hoffe, dass meine bisherigen Erläuterungen die verschiedenen Zuordnungen der Ebenen nachvollziehbar gemacht haben.

Das Numinose ist das Gegenteil der ganzen Vielfalt, die wir in den Universen antreffen, ob materiell, astral oder spirituell.

Das Numinose ist ewig, ist jenseits von Zeit und Raum, ist keine Energie, ist form- und namenlos.

Das Numinose ist nicht personifiziert – und hat niemals eine Absicht.

Das Numinose ist ausschliesslich Potenzial. Alles kann daraus entstehen.

Das Numinose ist Einheit. Es gibt kein Subjekt, welches ein Objekt betrachten könnte. Wenn du in diese Quelle hinein «stirbst», wirst du nichts sehen oder erleben.

Es fühlt sich nicht anders an, ob man sich eine Sekunde oder eine Million Erdenjahre im Numinosen, also in der Zeitlosigkeit aufhält. – Das Umfeld aber, das gesamte Schöpfungsspiel, das sich über Materie, Energie, Raum und Zeit (M.E.R.Z.) definiert, verändert sich fortwährend.

Mit etwas Übung können wir uns angewöhnen, ins Numinose einzutauchen, während unser Körper schläft. Es ist sehr wertvoll nach dem Erwachen noch einige Minuten der «mitgebrachten» Stimmung nachzuspüren. Stell sicher, dass du alle Zellen teilhaben lässt, dass die Chakras genährt werden und dass dein gesamtes Energiefeld durchflutet wird.

Es ist der süsse Nektar der Gewissheit, dass man die wahre Heimat besucht hat.

Wir sind ein Funke Bewusstsein – und gleichzeitig sind wir auch das Ganze.

Der «*Master of the Key*»[30] drückt es folgendermassen aus:

> «*Du bist nicht nur die Krume eines Kuchens, die sich wieder mit dem Kuchen verbinden kann. Du kannst zum ganzen Kuchen werden.*»

Wenn du aus dem Numinosen wieder erwachst, wirst du deine wahre Natur erkennen. Das ist die Auferstehung des Geistes.

Gehe den gesamten Weg und finde es für dich heraus!

---

30 Das Buch «The Key» von Whitley Strieber ist noch nicht übersetzt. Strieber bekam 1998 in einem Hotel in Toronto spät nachts einen geheimnisvollen Besuch. In der Hoffnung, der Besucher würde sich nochmals melden, veröffentlichte er das ungewöhnliche Gespräch als kleines Manuskript. Die vervollständigte Ausgabe erschien 2012 in Englisch. Ein bemerkenswerter Text.

Es wird Zeit für den ultimativen Schritt

Als ultimativen Schritt bezeichne ich das Hineinschmelzen ins Numinose. Wir erlauben dem letzten Restchen ICH bewusst zu sterben.

Dieser Schritt wird möglich, wenn unsere Liebe zum höchsten Sein grösser ist als unsere allergrösste Angst:
Die Angst für immer zu verschwinden – spurlos.

Diese Angst sitzt vielen Menschen im Nacken. Es ist der wiederkehrende Alptraum, man würde in ein tiefes schwarzes Loch fallen und für immer verschwinden. Diese Angst mag sogar der Grund dafür sein, sich im Leben mit Hunderten von Aktivitäten abzulenken.

Nachdem wir also die grosse geistige Arbeit geleistet haben, gelangen wir an einen Ort, der sich ganz ähnlich anfühlt? – Und wir sind sogar aufgefordert, genau diese Angst zu konfrontieren?

Genau! – Denn jetzt sind wir stark genug.

Ja, leider – diese Vorstellung entspricht nicht der Sehnsucht der «Licht-und-Liebe-Fraktion», die sich lieber auf einer illusionären rosa Wolke einfinden würde – in ewiger Glückseligkeit ...

Jetzt gilt es:
Nach unseren vielen meditativen Erfahrungen sind wir bereit.

Wir können uns erlauben zu sterben,

hineinzusterben ins Numinose.

Wir lassen los –

werden eins, wo es kein Zweites gibt

und verlieren das Bewusstsein ...

Wir erlauben uns zu fallen –

und werden nicht für immer verschwinden –

aber es fühlt sich so an.

Paradox? Absolut!

Als ich zum ersten Mal bewusst eintauchte

Meine innere Reise hatte schon Jahre gedauert, als ich unverhofft in dieser stillen Konzentration war und mir klar wurde, dass ich mich jetzt bewusst fallen lassen könnte, um einzutauchen ins Numinose, in ANAMI (das Namenlose).

Da schaltete sich kurz meine Vernunft ein. Ich fragte mich: «*Bin ich bereit, das jetzt geschehen zu lassen?*»

Ich überprüfte auch:

> -> Brennen noch Kerzen?

> -> Ist der Herd ausgeschaltet?

Und obwohl ich davon ausging, dass ich bei dieser Erfahrung sterben würde, war mir absolut klar: Um dies zu erfahren, hatte ich all die Jahre meditiert.

Ich liess mich fallen – und verlor das Bewusstsein ...

Eine Weile später war ich – selbstverständlich – wieder hier.

Aber ich wusste jetzt, was ich bin: ANAMI, namenlos, ewig, göttliches Bewusstsein.

Glückseligkeit!

Die Mystiker sagen: Wer alles aufgibt, wird alles gewinnen.

Was nun? Was ist anders?

Ist der Tropfen, der sich mit dem Ozean vereinigt hat, noch der gleiche, wenn er zurück kommt?

Bin ich immer noch ich?

Ja, das bin ich. Und zwar in meiner reinsten Essenz.

Der «Tropfen» ist eine Metapher. Er besteht aus zahllosen Molekülen mit Elektronen, Protonen, Neutronen und den kleinen Teilchen, den Quarks.

Ich als Geistwesen dagegen bin Eins. Und als Eins verbinde ich mich mit dem Numinosen, um danach wieder als Eins zu «erwachen».

Genau so ist es für dich und für jedes existierende Wesen.

Warum ist es von Bedeutung ins Numinose einzutauchen, wenn wir gar nichts sehen, hören und sonst wie erleben können? Wozu ist diese Erfahrung wichtig?

Erstens: Zu Verschmelzen ist uns nur möglich, wenn unsere Liebe zur Quelle allumfassend ist und wir bereit sind, alles andere dafür loszulassen. Wir können also überprüfen, ob wir uns nichts vormachen.

Zweitens: Nur das Numinose ist die vollkommene Wahrheit, alles andere ist ein Aspekt davon, jedoch nicht die Ganzheit, so wie die Farben des Regenbogens Aspekte des gesamten unsichtbaren Lichtstrahls sind. Die Farben werden erkennbar, weil sie Fragmente sind.

Nach der Erfahrung des Numinosen werden wir anerkennen, dass wir als Wesen nur existieren können, weil wir abgetrennt sind von der Ganzheit. Im besten Fall werden wir das Wahrhafte optimal repräsentieren, sind es aber nie zur Gänze, denn wir haben uns davon entfernt, um überhaupt zu existieren.

Das bewahrt uns (hoffentlich) davor, überheblich zu werden, denn unser Ich steht immer nur an zweiter Stelle.

Ich habe es schon erwähnt

Es führt nur ein enger Pfad zur Wahrhaftigkeit.

Die breite astrale Prachtstrasse[31] dagegen ist lärmig und übervölkert. Hier wird nach Macht, Ansehen und Einfluss gestrebt oder nach einem emotionalen Wohlgefühl in der Gruppe.

Jedes einzelne Wesen trifft jeden Tag Entscheidungen und wählt grundsätzlich zwischen 2 Prioritäten:

Steht das Irdisch/Astrale an erster Stelle oder das Spirituelle?

Die Geschichte hat sich schon oft wiederholt. Es scheint, dass all die unzähligen Wesen immer wieder die gleichen Erfahrungen wiederholen möchten ...

Spiritualität macht kein Aufheben und kommt auch nicht besonders glanzvoll oder dramatisch daher, sondern natürlich und entspannt. In der Spiritualität treffen wir auf Demut, Weisheit, Würde, Liebe, Mitgefühl, Verständnis, Geduld, Stille ...

(Allerdings kann ich auch ungehalten und böse werden, wenn jemand von mir erwartet, dass ich die Lebenslügen seines Egos unterstütze ...)

Mit manchen Wesen sind wir im Geist verbunden. Vielleicht gehen wir ein Stück des Weges gemeinsam, in inspirierendem Austausch oder beglückender Stille. Das sind Verbindungen, die über den Tod hinaus unverändert bestehen bleiben.

Schön, wenn wir auch mit unseren Nächsten eine himmlische Verbindung aufbauen können! Oft hindert uns der persönliche Kontakt daran und wir wissen erst, was wir versäumt haben, wenn uns «Welten» trennen.

---

31 New Age, Esoterik wie heute vielerorts praktiziert.

Gott

Nun ist es wohl an der Zeit, das Gottes-Prinzip zu betrachten.

Wer von «Gott» spricht, geht in der Regel davon aus, dass alle den Begriff mit dem gleichen Inhalt füllen, was absolut nicht der Fall ist.

Wer oder was «Gott» für uns ist, ob dieses Prinzip in unserem Weltbild existiert oder nicht, hat selbstverständlich primär mit dem Elternhaus und dem Glaubenssystem des Umfeldes zu tun. Gerade in fundamentalistisch-religiösen Kulturen ist der religiöse Gehorsam zwingend oder gar eine Frage des Überlebens.

Sind Eltern aber moderat und das System erlaubt Glaubensfreiheit, kann bereits ein Kind eigene Fragen stellen. So werden Tendenzen sichtbar, die zum Teil mit Erfahrungen aus früheren Inkarnationen oder anderen Existenzformen zu tun haben. Ein Kind kann sich stark zu religiösen, spirituellen Themen hingezogen fühlen, obwohl die Eltern wenig davon halten, oder es kann sich abwenden von diesen Fragen, obwohl sich die Eltern religiös ausrichten.

Was für ein bedeutungsvolles Privileg ist es doch, sich selbst auf die Suche machen zu können!

> *Ich wurde in ein moderat reformiert christliches Weltbild hineingeboren. Als Kind richtete ich meine Gebete an einen gütigen himmlischen Grossvater mit wallendem Bart ... Sicher etwas naiv, aber durchaus kongruent mit entsprechenden Gemälden in vielen Kirchen.*
>
> *Als Teenager dagegen verehrte ich die Wissenschaften und lehnte jedes Gottesbild ab. Ich ging davon aus, dass dieser «Grossvater-Gott» zu den Kindergeschichten gehöre, genau wie Rotkäppchen und Schneewittchen. Zusammen mit Puppen und Teddybär liess ich kurzerhand alles hinter mir und trat im frühen Erwachsenenalter aus der Kirche aus. Es störte mich, dass die Kirche als nette Dekoration für Hochzeiten benutzt wurde und bei Beerdigungen plötzlich wichtig wurde für Menschen, die sich vorher kaum um religiöse oder gar spirituelle Fragen geschert hatten.*

Ich machte mich auf die Suche nach Wahrheit, nach Wahrhaftigkeit, nach dem tieferen Sinn der Existenz.

Die Antworten der indischen Mystiker waren es, die mich tiefer berührten, als alles, was ich bisher angetroffen hatte.

In ihrer Sprache tauchten ebenfalls Beschreibungen des «Höchsten» auf, die tendenziell an den «Lieben Gott» erinnerten.

Was mich aber vor allem interessierte war das, was diese Mystiker verkörperten, was in ihrem Bewusstsein sichtbar und spürbar wurde, wenn ich ihnen geistig begegnete. Die magischen oder teils wohl auch erdichteten Wundertaten beeindruckten sie nicht. Für sie war und ist es das allergrösste Wunder, wenn ein Wesen wieder zurückfindet zu seiner höchsten Essenz.

Sie strahlten eine erwachsene Spiritualität aus und verkörperten umfassende Liebe und Verantwortung für die Schöpfung. Und vor allem sprachen sie davon, dass wir göttliche Wesen sind.

Dies schienen mir lohnende Ziele für meine Reise! Hier wollte ich lernen und wachsen.

Auf die eine oder andere Art setzen wir uns alle irgendwann mit Gott und dem Sterben auseinander. Wir versuchen Definitionen zu finden, werfen sie ein paar Jahre später wieder über Bord, suchen erneut, gehen vielleicht gewundene Wege, bis wir im besten Fall bei einer reifen Spiritualität ankommen.

Die Suche nach Spiritualität ist ein Weg.

Manche gehen ihn, obwohl er oft anstrengend und verwirrend ist, weil sie sich nicht mit einem Glauben zufrieden geben möchten der auf «Nichtwissen» beruht.

Irgendwann wird sich vielleicht diese Aussage bewahrheiten, die ich vor vielen Jahren hörte:

«Früher oder später wird jeder Suchende Buddhist.

Wer ehrlich sucht, wird irgendwann erkennen, dass es nicht darum geht, Buddha zu folgen oder ihn anzubeten, sondern darum, zu Buddha, also zum Erleuchteten zu werden.

Es geht darum, dass wir selbst Buddhaschaft erlangen.»

Es gibt nur Wesen in diesem Universum. Sie sind alle Tropfen des Ozeans. Einige sind in Kontakt mit dem vollkommenen Potenzial, manche weniger, manche nicht mehr, weil sie sich durch Handlungen oder Geschehnisse weiter und weiter davon entfernt haben.

Im Potenzial sind wir alle göttlich. Deshalb hat niemand ein Recht Gott zu spielen und über uns zu bestimmen. Wer dazu Lust verspürt, befindet sich im astralen Bereich.

Es wird immer ganz eng und schwierig oder gar fundamentalistisch indoktrinär, wenn Gott personifiziert und als jemand betrachtet wird, der einen Willen hat, über uns wacht, uns bestraft, belohnt oder nach Gutdünken gnädig ist. Ein solches Wesen gibt es in meinem Weltbild nicht. Ich kann gerne erzählen, wann sich dieser Gott aufgelöst hat.

Als sich mein personifizierter Gott auflöste

Es war ein bedeutendes Erlebnis auf meinem Weg. Ich möchte es vor allem für diejenigen schildern, die ihren innewohnenden göttlichen Qualitäten noch nicht ganz vertrauen.

> *Nach einigen Jahren spiritueller Übung und Meditation fiel ich in ein tiefes Loch. Es geschah vollkommen unerwartet: Ich wurde von einem Gefühl absoluter Wertlosigkeit überschwemmt.*
>
> *Die sonst übliche Wertschätzung für mich selbst und mein Selbstvertrauen waren plötzlich verschwunden. Stattdessen war ich erfüllt von Scham und Schuldgefühlen. Was für ein Schmerz, welche Verzweiflung!*
>
> *Zu jener Zeit richtete ich meine Gebete an einen «irgendwie» personifizierten Gott. Aber wie, um Himmels Willen, könnte mich ein himmlisches Wesen willkommen heissen, wenn ich doch so wertlos war?*
>
> *Ich habe die Stunden nicht gezählt, in denen ich weinte. Ich war hoffnungslos verzweifelt. Der Drehpunkt meines Lebens schien plötzlich unerreichbar verloren. Wie würde mein Weg weitergehen?*

Endlich erwachte ein revolutionärer Funke in meinem Inneren, bekam schnell Kraft und resultierte in folgenden Gedanken: «Wenn dieser Gott, zu dem ich bisher gesprochen habe, der Schöpfer von allem ist, dann hat er mich so geschaffen wie ich jetzt bin. Wenn ich sein Produkt bin, hat er gar keine andere Wahl, als mich so zu lieben wie ich bin!»

Hey! – Von diesem Moment an hat sich alles verändert. Anstatt mich abzuwerten, habe ich mich für mich eingesetzt und fühlte mich sofort erhoben. Ich, als spirituelles Wesen, konnte mich als Person vollkommen annehmen.

Der Wandel war so umfassend, dass er mich mit unbegrenzter Liebe für die gesamte Schöpfung erfüllte. Alles wurde Eins. Da waren keine Widersprüche mehr – aber ich brauchte auch keine externe Instanz mehr, sie war geradezu undenkbar geworden.

Alles ist in uns drin. Wir lesen es immer wieder – und doch ist es ein unglaublich ergreifender Moment, wenn wir es plötzlich umfassend begreifen. Dann erst wird es für uns wahr.

Nur so am Rand, aber wichtig: Wenn ich über mich selbst schreibe, tue ich dies keineswegs, weil ich glaube, in irgendeiner Weise aussergewöhnlich zu sein. Ich tue es aus Respekt für deine Selbstbestimmung. Ich will dich nicht beeinflussen, denn nur du weisst, ob eine Aussage für dich von Wert sein kann oder nicht. Auf diese Weise gebe ich möglichst viel Raum für deine eigenen Entscheidungen.

Selbst ausgedachte Götter

In der Überzeugung, dass es «etwas Grösseres» geben **muss**, erschaffen sich viele ein Gottesbild. So haben sie eine Adresse für ihre Gebete. Gerne würde ich diese Menschen fragen, ob sie denn wissen, wer ihre Gebete empfängt?

Ich habe Leute gesehen, die behandelten ihren Gott wie einen freundlichen Nachbarn oder einen netten Gartenzwerg. Dies spricht zwar nicht von der Reife, die der spirituellen Dimension auch nur annähernd gerecht würde, ist aber letztlich harmlos.

Die Sache wird jedoch gefährlich, wenn ein Astralwesen auftaucht und sich für zuständig erklärt, dein Gott zu sein. Viele dieser Wesen warten nur darauf, dass man ihnen huldigt, und nehmen dann gern Einfluss. Schnell werden ein paar ungewöhnliche Erfahrungen manifestiert, ein paar kleinere oder grössere Wunder getan – für diese Wesen gibt es nichts Einfacheres. Schon haben sie einen weiteren Menschen unter ihre Kontrolle gebracht. Sie spielen ihre Spiele über Äonen. Dies ist die Art, wie sie die Anzahl ihrer Untergebenen vermehren.

Auf diese Weise werden selbstgemachte «Götter» lebendig. Ein bis anhin lebloses Bild beginnt plötzlich zu reden, man beginnt Stimmen zu hören. Signale werden vernommen, die eine Kraft vermuten lassen.

Der suchende Mensch fühlt sich endlich erhört, ist glücklich über die lang ersehnte Führung. Er ahnt nicht, dass sich die Abwärtsspirale in Richtung Abhängigkeit und Unfreiheit zu drehen beginnt. Wie könnten wir uns jemals spirituell vervollkommnen, wenn wir lediglich gehorchen würden? Was hätte das mit Eigenverantwortung zu tun?

Die beeinflussenden Wesen sind mehr oder weniger stark und befinden sich ohne Ausnahme im astralen Raum. Manche streben nach Macht und wollen Menschen vollkommen besitzen, andere bringen zum Ausdruck, dass sie es «gut meinen». Aber da sie selbst unfrei sind, haben sie eine limitierte Wahrnehmung.

Wären sie frei, würden sie nicht beeinflussen, sondern uns lediglich zur Seite stehen, damit wir uns an ihnen orientieren können.

Eine weitere Schwierigkeit besteht darin, dass die astralen Wesen nicht unterscheidbar sind. Selbst wenn sie auf den gleichen Namen hören (zum Beispiel Jesus), sind es astrale Wesen, die lediglich eine bestimmte Maske benutzen. Sie können sich jedes beliebige Aussehen geben.

Wer ruft oder ein Gebet spricht, bestimmt mit seiner eigenen Bewusstseinsqualität und seinen Wünschen von welcher Ebene sich jemand melden kann. Eine grobe Schwingung zieht grobe Wesen an, auf weltliche Wünsche reagieren erdnahe Wesen.

Reinheit dagegen spricht reine Wesen an.

Ich möchte nochmals hervorheben, dass wir alle auf der Erde mit akribischer Sorgfalt von wahrer Spiritualität ferngehalten werden.

Es braucht eine laserscharfe Ausrichtung und eine klare Unterscheidungsfähigkeit, um den Abgründen der astralen Versuchungen heil zu entkommen und frei zu werden.

Romantische Verklärtheit ist dabei geradezu gefährlich!

Höchste spirituelle Wesen, mit göttlichen Qualitäten

Ja, solche Wesen existieren – dem Himmel sei Dank. Und sie können kontaktiert werden.

Viele von ihnen waren nie als Mensch auf der Erde inkarniert. Andere haben mehrere Leben gelebt und sind ihrem Weg bis zur Erleuchtung und Befreiung gefolgt.

Wir alle tragen das Potenzial dazu in uns. Aber es sind wenige unter Millionen, die es schaffen. Die meisten ziehen es vor, nach einem «besseren Leben», statt nach spiritueller Freiheit zu streben.

Wer genug gesehen hat von dieser Welt, sehnt sich meist nach jener ewigen Freiheit und Glückseligkeit zurück.

Ich bin einigen begegnet, die nicht mehr hier inkarnieren möchten.

Klingt es für dich erstrebenswert nochmals zu inkarnieren?

Dann hast du vielleicht noch nicht genug erlebt, erfahren, genossen, erlitten ...

Das ist bestens in Ordnung.

Nimm dir alle Zeit, die du brauchst.
Zeit ist reichlich vorhanden.

Wer Befreiung erlangt hat, versteht das Spiel. Befreite Wesen wissen, dass jede Form von Einmischung wieder Karma zur Folge hat, also Bindung schafft. Sie werden dies tunlichst vermeiden.

Befreite Wesen sind deine besten Freunde bei deiner inneren Arbeit. Sie werden sich nie über dich stellen, sondern dich voller Liebe und Respekt auf Augenhöhe treffen und für dich da sein.

Sie sind göttlich – werden aber nie wie «Götter» agieren, sondern dich daran erinnern, dass du göttlich bist.

Sie werden deine Probleme nicht lösen, aber durch ihren Beistand kannst du dein Bewusstsein anheben. Das macht dich fähig, weise Lösungen zu finden für deine Themen.

Dies sind meine spirituellen Freunde

Um sich vor Fehlleitung zu schützen, sind spirituelle Freunde von unschätzbarem Wert. Durch meine früheren Inkarnationen in Indien hege ich eine besondere Liebe für einige indische Mystiker.

Anandamayi Ma ist wunderbar

Als ich die Bücher über sie allmählich auswendig kannte, habe ich über einzelnen Aussagen kontempliert und den Kontakt zu ihr gesucht. Ihre spirituellen Qualitäten sollten mich an die meinigen erinnern.

Glücklicherweise existieren zahllose Bilder von ihr. Diese Bilder halfen mir, mein Bewusstsein auf sie auszurichten. Und so war sie das erste Wesen, mit dem ich einen spirituellen telepathischen Kontakt herstellen konnte. Eine sehr eindrückliche Erfahrung!

Mir wurde dabei sofort klar, dass ich mir selbst im Weg gestanden hatte. Meisterwesen, wie sie eines ist, stehen uns viel näher als wir denken.

Maharaj Charan Singh

Der Meister, der mich eingeweiht hat. Während vier Jahren habe ich mich strikt an seine Vorgaben gehalten. Die Meditation fiel mir leicht, der Kontakt war sehr nahe, informativ und inspirierend.

Als ich keinerlei Unterschiede mehr fand zwischen meinem und seinem spirituellen Bewusstsein, habe ich mein Schüler-Dasein beendet. Einen vollendeten Meister habe ich nicht gesucht, um lebenslänglich Schüler zu bleiben ...

Er steht mir nach wie vor als spiritueller Freund zur Seite und ist meine Stimmgabel, mit der ich immer wieder mein Bewusstsein überprüfe.

Shri Ramana Maharshi

Eine Quelle der Inspiration für zahllose Menschen.
Sehr rein, sehr klar.

Shri Nisargadatta Maharaj

Ihn als Wesen zu treffen, bringt mich immer zum Lachen ...
Wundervoll.

Rumi (Dschalal ad-Din ar-Rumi)

Er bringt mich oft zum Weinen und berührt mich tief.

Auch viele andere Mystiker und Weise sind von grosser Bedeutung für uns Menschen. Dass sie auf dieser Liste nicht erscheinen, heisst nur, dass ich die Beziehung zu ihnen nicht gepflegt habe.

Spirituelle Helfer

Himmlische Helfer nennen wir gerne Schutzengel. Viele beschützen Kinder. Ohne diese Unterstützung würden viele Kinder das Erwachsenenalter kaum erreichen.

Diese Wesen agieren in Übereinstimmung mit dem Höheren Selbst der Kinder, manchmal auch in Übereinstimmung mit dem Höheren Selbst von Erwachsenen. So stellen sie sicher, dass diese Menschen ihre Vorhaben erfüllen können. Die Beschützer handeln selbstlos, nehmen keinerlei Befehle entgegen, dienen aber in Übereinstimmung mit der spirituellen Ordnung.

Himmlische Hilfe kommt in der Regel unerwartet und unauffällig und ist doch für uns ganz klar spürbar.

Ist ein Geschehnis das Resultat von Karma, kann es auch von solchen Beschützern nicht abgewendet, aber möglicherweise gelindert, abgefedert werden.

Natürlich ist es schön, in schwierigen Situationen Schutz zu bekommen. Meiner Meinung nach sollten wir aber bestrebt sein, die Verantwortung für uns selbst zu übernehmen. Wir haben ein Höheres Selbst, in dessen Dienst wir uns stellen können.

In unserer Ego-Gesellschaft mag der Gedanke fremd erscheinen. Aber die meisten von uns wussten, als wir zur Erde kamen, dass wir freie Geistwesen sind. Wir haben inkarniert, um unser Licht zur Verfügung zu stellen. Aber bestimmt nicht, um diesen Planeten auszubeuten.

Astrale Helfer

Ich glaube, ich habe dieses Thema ausgiebig erläutert: Mit astralen Helfern zusammenzuarbeiten widerspricht der Spiritualität vollkommen.

Ich weiss, die Regeln sind schwer zu akzeptieren. Wer um etwas bittet, das diese Welt betrifft, sei es Wohlstand, Einfluss, Macht, Gesundheit, ja sogar die Fähigkeit heilen zu können, wird nur im astralen Bereich gehört. Dort gibt es viele Wesen, die gerne bereit sind zu helfen. Aber sie werden es ihren eigenen Regeln gemäss tun und sie verlangen immer einen Preis.

Auf diese Weise werden wir abhängig. Wir fragen einmal, dann nochmals und dann wieder und wieder. Andere sollen die Dinge für uns erledigen. Wir möchten nichts an uns verändern, wollen nicht wachsen oder uns entwickeln.

Nach einer Weile spielen diese Wesen Gott in unserem Leben und zeigen uns unmissverständlich, wer das Sagen hat.

Sie werden unsere spirituelle Befreiung zu verhindern wissen, denn jetzt sind wir ihre Diener.

Dies hat auch Goethe in Dr. Faustus[32] beschrieben. Faust wollte ewig jung bleiben und hat dafür mit seiner Seele bezahlt, einem Preis, der in alle Ewigkeit wirkt. Wer sich als machtlos empfindet und sich danach sehnt, grosse Dinge zu tun, kann der Versuchung, ein astrales Bündnis einzugehen, kaum widerstehen.

Bündnisse mit magischen Kräften des Astralraums werden in allen Kulturen beschrieben. Magie hat auf der Erde eine weit grössere Bedeutung als ich damals wusste, als ich mein erstes Buch schrieb.

Magie wird einerseits von Naturvölkern betrieben, aber auch von den Mächtigen dieser Welt. Am deutlichsten wird dies wohl in der Musik-Industrie. Magische Elemente werden benutzt, um bereits Kinder und Jugendliche auf Kurs zu bringen.

Wir können uns jedoch immer anders ausrichten und Dinge auflösen. Häufig sind es jene Menschen, welche die Gefährlichkeit der astralen Bündnisse erfahren haben, die sich später klar für Spiritualität entscheiden.

---

32 Die Thematik des Dr. Faustus war schon vor J. W. Goethe bekannt. Goethe sah darin seine eigene Geschichte. Er arbeitete ein Leben lang an dem Stoff.

Liebe Lesende, Suchende

Schmerzhaft und schwierig ist jeder Weg, egal ob wir Vergessen ansteuern oder Erleuchtung und Befreiung.

Die Ewigkeit ist lang. Sehr lang. Es lohnt sich also auf jeden Fall, die Mühe des Weges auf sich zu nehmen, das Potenzial so weit wie möglich zu entdecken und zu verwirklichen, um zu einem übergeordneten Blickwinkel zu gelangen.

Eine komplexe Sachlage zu verstehen oder zumindest Schritte in die richtige Richtung zu machen, hinterlässt ein besseres Gefühl, als sich einzukapseln und zu resignieren: «*Lasst mich in Ruh' – ich halt' es nicht aus!*»

Ich liebe es, in die Augen von jemandem zu blicken, der gerade einen Zusammenhang begriffen hat, sich innerlich von etwas lösen konnte und dadurch stärker und freier geworden ist.

Und ich liebe es, interessierte Personen zu ihrem Fähigsein zu begleiten.

Aber ich weiss auch, dass spirituelles Wissen ein ganzes Leben auf den Kopf stellen kann. Wer bisher von unten her aus der Opfer-Optik in die weite Welt geschaut hat, wird allmählich erfahren, wie es sich anfühlt, aus geistiger Sicht wahrzunehmen. Da werden die Werte ganz schön durcheinander geschüttelt und nicht selten um 180° ins genaue Gegenteil gedreht.

Den Mut zu diesem Schritt wünsche ich allen meinen Leserinnen und Lesern.

Ruth Huber

Nachwort von Šárka Černochová

Als mich Ruth zum ersten Mal aufforderte, die Zeitspur zurückzugehen, bis ich zum Ursprung einer erwähnten Angst käme – es war im Hauptbahnhof Zürich, beim Einsteigen in einen Zug – dachte ich nur: «Das kann ich nie.»

Tatsächlich war ich damals mit vielen Emotionen zugedeckt, welche mir die «Sicht» versperrten. Jahrelang schon war ich traurig ohne äusseren Grund. Sehnsüchte nach Nähe schnürten meine Kehle zu. Meditation blieb ein leeres Wort, denn kaum setzte ich mich hin, dachte ich ans Frühstück – das ist nicht witzig! – oder stürzte mich in der Phantasie in eine Umarmung. Statt lebensfreudiger und freier, wurde ich verzweifelter über meine erfolglose Suche nach Erleuchtung.

Dass ich später ohne Anstrengung auch während meines Arbeitsweges auf dem Roller die Zeitspur zurückgehen würde, um Wesen an ihre Freiheit und Vollendung zu erinnern, hätte ich damals nie für möglich gehalten.

Die Reise begann mit dem «Aufräumen» in mir selbst: dem Aufarbeiten meiner Vergangenheit, meiner Programmierungen, meiner Dogmen und Eitelkeiten, dem Überwinden von Trauer, Sehnsüchten und festgefahrenen Mustern, dem Verstehen und Befreien von Fremdbesetzungen, bis mein wahres Selbst mehr und mehr zum Vorschein kam.

Ich ging zu Ruth Huber in Sitzungen. Sie begleitete mich in dem, was «zuvorderst» war. Dabei brauchte ich nicht meine ganze Kindheit durchzukauen, wie dies sonst verbreitet ist. Ihr ging es viel mehr darum, die Dinge auf den Punkt zu bringen und dort anzusetzen, wo Verständnis und eine Wandlung erfahrbar sind. Kurz: wahre Heilung.

Ruth ist darin ausgesprochen präzise. Ihr Höheres Selbst gibt an, wenn man sich «am richtigen Ort» befindet, und nur dort wird gearbeitet. Alles Irrelevante bleibt aussen vor.

Das macht ihre Arbeit sehr effektiv, wenn auch nicht immer angenehm. Denn auch Verheimlichtes kommt zum Vorschein, Dinge, die beschämen, Fehler, die begangen wurden ... Will man jedoch freier werden oder meditieren lernen, gibt es kein Ausweichen. Nur in Wahrhaftigkeit werden Menschen von Ruth begleitet. Durchmogeln ist nicht möglich.

Aber der Weg, die Anstrengung lohnt sich, denn immer mehr fühlt man selbst, was vom Höheren Selbst unterstützt wird und was nicht. Mehr und mehr wird die eigene Wahrnehmung geschult: In welcher Ebene befinde ich mich während der Meditation? Stecke ich noch in den Astralsphären fest oder ist das schon eine spirituelle Meditation?

Wie oft benötigte ich doch die Führung und Kontrolle von Ruth, bis ich die «Frequenzen» voneinander unterscheiden konnte! Ist meine Trauer meine Trauer oder die eines anderen Wesens, das Hilfe benötigt? Und wenn es meine Trauer ist, wann und wo ist ihr Ursprung? Entstand sie erst vor kurzem oder vor Abertausenden von Jahren? Und war ich damals in einem Körper oder als Geistwesen unterwegs? Kleben Bewusstseinsfünkchen von anderen Menschen oder Wesen an mir, die es zu befreien gilt, um wieder ich selbst zu werden? Woher kamen sie? Oder hat gar meine Körperintelligenz ein Problem?

Alles wichtige Fragen, um das richtige Instrument fürs Verstehen und die Bereinigung des Themas zu finden und dadurch ein Stück freier und leichter zu werden.

Ruths Arbeit erfordert grosses Wissen, das sie teilt und das nicht nur bereichernd, sondern auch unglaublich nützlich ist. Eine Spinnenphobie, Kopfschmerz, Ärger, Energielosigkeit können verschiedene Ursachen haben. Jedes Problem muss für sich angegangen werden.

Mit anderen Worten: An jedem noch so kleinen Thema lernt man und wird reicher.

Bei mir kam der «Aufwind», die Meditation, schliesslich fast von allein als alles Belastende durch die aufrichtige Arbeit wich. Viel zu grob waren die aufgewühlten Gefühle und die Ungereimtheiten in mir gewesen, als dass ich das Nadelöhr in die Spiritualität hätte passieren können. Ebenso hatten unzählige Wesen aus den Astralsphären meinen Mind in Besitz genommen, so dass meine Gedanken erst zur Ruhe kamen, als ich diese Wesen – anfangs mit Ruths Hilfe, später auch allein – befreit hatte. Es ist, als würde alles von einem abfallen, was einen von Frieden und Liebe trennt.

Meditieren lernte ich auch mit Hilfe des Modells, welches Sie in diesem Buch finden. Die Chakras und Ebenen geben eine wichtige Orientierung. Sie können in der Lernphase wie die Sprossen einer Leiter erklommen werden, bis man sich im «Himmel» wiederfindet.

Eine sehr heikle Phase kam, als ich bereit wurde, den Schritt «aus dem Gefängnis heraus» zu machen. Ich meine damit nicht, temporär in die Meditation zu finden, das ist schon früher möglich, sondern in meiner ganzen Haltung an der Quelle angeschlossen zu sein und nicht mehr länger unter dem Einfluss der Gefängnishüter zu stehen: Der Schritt in die Befreiung. Die Gewissheit, frei wählen zu können, wohin ich nach dem Tod gehen möchte und nicht mehr inkarnieren zu müssen, wenn ich das nicht will.

Die astralen Mächte befürchteten mich zu verlieren und legten mir Steine in den Weg, wo es nur ging. Beispielsweise wurde ich immer müde, wenn ich geistig arbeiten wollte und wurde so davon abgehalten. Ich war selbst zu müde zu erkennen, dass es Wesen waren, die mich hinderten. In einer Sitzung konnte ich mich unter Ruths Supervision aus deren Einflussbereich befreien, konnte meine Stärke zurückgewinnen und meine Arbeit fortsetzen und die nächsten Schritte tun.

Niemand kann ermessen, wie Ruth für ihre SchülerInnen einsteht und dabei selbst massiv angegriffen wird, wenn ihre Schützlinge an dieser Schwelle stehen. Ich glaube nicht, dass dieser Übergang allein zu schaffen ist.

Ohne die Sitzungen mit Ruth Huber würde ich heute nicht da stehen, wo ich stehe. Niemals hätte ich mir diese greifenden Methoden und diese Wahrnehmung allein erarbeiten können.

Mit Ruth zu arbeiten war die wichtigste Entscheidung meines Lebens. Ihr begegnet zu sein, erfüllt mich mit grosser Dankbarkeit.

In der Hoffnung, dass viele schon fähige Menschen noch fähiger und frei werden möchten – unser Planet hat diese Menschen dringend nötig – freue ich mich für jede und jeden, der die Zeit, da Ruth noch hier mit uns in einem menschlichen Körper weilt, nutzt.

Ich wünsche Ihnen eine erleuchtende Reise!

Šárka Černochová   30. Januar 2013

scharka@cernochova.ch

Ruth Huber

Die Autorin wurde 1950 in Zürich geboren und eröffnete 1983 eine Praxis für Körperarbeit. Als die Erforschung des Bewusstseins und Fragen wie «Wer sind wir? Woher kommen wir? Was ist der Tod?» zentral wurden, begab sich Ruth Huber in ihren Meditationen auf ihr grösstes und wichtigstes Abenteuer: Sie lernte die Zusammenhänge der verschiedenen Bewusstseinsebenen, die Existenz des Höheren Selbst kennen, bzw. entdeckte diese Qualitäten wieder.

Erfüllt von diesen Erkenntnissen und angesichts vieler Suchender, begann sie Menschen in deren Bewusstseinsprozess zu begleiten.

2002 legte Ruth Huber in ihrem Buch «Rückerinnerung. Bewusstsein erlangt, wer sich erinnert» eine umfassende Beschreibung der astralen und spirituellen Ebenen in leicht verständlicher Form vor. Das im Buch vermittelte Wissen beruht auf eigener Forschung, eigenen Erfahrungen und auf der Erfahrung von Freunden, Klienten, Verstorbenen sowie auf telepathischer Arbeit mit Geistwesen.

2012 folgte «Gestrandete Engel. Ein Leitfaden für alle, die das irdische Leben verwirrend finden». In diesem Buch erläutert Ruth Huber Neuankömmlingen die Spielregeln auf dieser Erde.

Für Ruth Huber ist unauslöschlich klar, dass wir alle aus dem vollendeten Bewusstsein kommen – und mit unserer erleuchteten Essenz wieder in Kontakt kommen können. Wir tragen alle das Potenzial dieser Vollkommenheit in uns. Es ist hilfreich, jemanden wie Ruth Huber neben sich zu wissen. Jemand, der sich den Herausforderungen bereits gestellt hat und die Schritte selbst gegangen ist.

Wir alle haben schon existiert, lange bevor wir auf der Erde inkarniert haben. Wir haben uns mehr oder weniger mit dem Menschsein identifiziert und nicht nur die geistige Herkunft vergessen, sondern auch unser Zusammensein mit den Wesen da draussen in den unendlichen Weiten des Universums.

Wer sein Potenzial verwirklicht und sich wieder als geistiges Wesen erfährt, wird auch wieder mit den Sternengeschwistern kommunizieren können. Manche warten schon lange auf unser Erwachen.

Rückerinnerung. Bewusstsein gewinnt, wer sich erinnert.

Hinter der sichtbaren Erscheinungsform existiert die geistige Realität.

«Rückerinnerung» will den Blick schärfen; damit wir erkennen, woher wir kommen und wer wir eigentlich sind.

Schritt für Schritt erläutert die Autorin die Stufen, welche wir als Geistwesen auf unserem Abstieg in die Inkarnation zurücklegen. Dadurch werden die zahlreichen Schwierigkeiten und Fragen leichter verständlich, denen wir in unserem Menschsein begegnen. Ausserdem bietet das Buch Anleitung dafür, wie ein spiritueller Weg – also die Rückkehr in die geistige Freiheit – gelingen kann. Sowohl im Leben wie nach dem Tod.

Übersichtlich strukturiert, zahlreichen Beispiele, Meditationen und ein eindrückliches Modell des Weges von Wahrheit und Liebe. 2. Auflage 2014, 254 Seiten, broschiert, CHF 25.-

Gestrandete Engel

Heruntergestiegene Engel sind wir alle! Doch wer aus spirituellem Blickwinkel zur Erde schaut, sieht zahllose Wesen, die sich weit von ihrem Potenzial entfernt haben, also «gestrandet» sind.

In dieser ereignisreichen Zeit ist es besonders wichtig, den Überblick zu behalten. Das Buch soll helfen mögliche Missverständnisse aufzuklären, damit innere Stabilität und Stärke gefunden werden kann.

Erschienen 2014, ergänzt, 71 Seiten, broschiert CHF 17.-

www.ruth-huber.ch

Chakra	Chakra hat zu viel Energie	Chakra hat zu wenig Energie	Wenn man stecken bleibt	Chakra ist erlöst
6. Chakra	Beim unerleuchteten, unverbundenen 6. Chakra funktioniert nur der Intellekt, eine Unterfunktion des Bewusstseins. Es werden Konzepte und Theorien gelesen, verglichen und wiedergegeben, ohne die Fähigkeit, mittels eigenem Fühlen, Empfinden und Erleben Wahrhaftigkeit zu erfahren.		Von der Liebe und vom Leben abgekoppelt. Häufig bei Wissenschaftern anzutreffen. Lebensfernes Forschen.	Erleuchtung nur möglich, wenn die anderen Chakras erlöst und verbunden sind.
5. Chakra	Spricht ununterbrochen. Stellt sich gern ins Rampenlicht. Unechter Humor (repetiert seine erfolgreichen Witze). Spielt gerne.	Findet keine Worte. Verstummt aus Angst, arrogant zu wirken. Unfähig, Lösungen zu entwickeln oder sie umzusetzen. Opportunist.	Ego, Eitelkeit: «Ohne mich läuft der Laden nicht.» Intoleranz, Arroganz. Wenn ohne Liebe im Leben: Zynisch, sarkastisch.	Sieht, erkennt, versteht. Ist bei Bedarf angemessen kreativ, visionär, spielerisch, präzise.
4. Chakra	Gibt und gibt und gibt ... Will allen helfen. Ständig den Tränen nahe. Nie endende Sehnsucht ...	Strebt danach, geliebt zu werden. Freunde zu haben, stärkt den Selbstwert.	Kann nicht entscheiden. Gefühle bestimmen das Verhalten. Glaubt, alle lieben zu müssen. Hat ständig «Mitleid».	Strahlend, ruht warm in sich, mitfühlend. Das Herz ist unverletzbar.
3. Chakra	Überschiessende Aggressionen, Rücksichtslosigkeit. MACHT – Ohnmacht	Kann keinen Raum einnehmen. Wenig Selbstwert. Ordnet sich unter. Macht – OHNMACHT	Siegen und Verlieren. Sucht immer einen Schuldigen. Will brillieren, beweisen ...	Gesunder, angemessener Selbstwert, entspannte Kraft.
2. Chakra	Sehr sinnlich, evt. übersexualisiert.	Liebesbedürftig, anhänglich, weinerlich, braucht Bestätigung von aussen. Nimmt die Färbung der Umgebung an.	Bleibt bedürftig, delegiert Verantwortung, fühlt sich als Hälfte einer Beziehung. Das ewige Opfer. Selbstmitleid.	Integrierte Sinnlichkeit, Lebensfreude.
1. Chakra	Habgier, Sammeln, materielle Absicherung, materielles Denken.	Lebensangst, fühlt sich immer gefährdet, Existenzangst, Panik.	Bleibt stecken in existentiellen Fragen. Gesundheit ist Selbstzweck. Angst.	Urvertrauen.

www.ingramcontent.com/pod-product-compliance
Lightning Source LLC
Chambersburg PA
CBHW071711160426
43195CB00012B/1643